Die zu gewährenden Leistungen bei Arbeitslosengeld II / Hartz IV
- Durchblick und wertvolle Praxistipps -

von

Rechtsanwalt Arne Böthling
(www.löwenrecht.de ; www.hartz4portal.de)

1. Auflage
(Stand November 2014)

Dieses Buch ist all den Menschen gewidmet, die sich täglich mit dem Jobcenter herumärgern müssen und dem schlecht funktionierenden Sozialsystem ohne Hilfe gnadenlos ausgeliefert sind.

Achtung:

Dieses Buch gibt einen Überblick über einzelne Themenbereiche im SGB II. Der Überblick ist natürlich nicht vollständig, es gibt noch weitere Themen/ Schwerpunkte und vor allem Rechtsprechung in diesem Bereich. Die folgenden Seiten dienen daher nur als Orientierungshilfe zum Einstieg, bei konkreten Fällen sollte auf anwaltliche Hilfe oder andere Fachliteratur zurückgegriffen werden.

Die Inhalte dieses Buches stellen daher keine verbindliche Rechtsberatung dar und ersetzen diese auch nicht. <u>Eine Haftung des Autors sowie eine Gewähr sind in jedem Fall ausgeschlossen.</u>

Oftmals sind die hier geäußerten Ansichten nur Meinungen/ Erfahrungen des Rechtsanwalts Arne Böthling. Diese können in Ihrem konkreten Fall abweichend zu beurteilen sein.

Es können hier in dem Buch zudem nicht sämtliche Meinungen, Urteile etc. genannt werden, da dies den Rahmen des Buches erheblich übersteigen würde.

Ein Mandatsverhältnis entsteht durch das Buch nicht.

Der Autor:

Rechtsanwalt Arne Böthling aus Braunschweig ist seit nunmehr über 10 Jahren als Rechtsanwalt in Braunschweig tätig. Sein Spezialgebiet ist seit 2005 das Arbeitslosengeld II (Hartz IV).

Nachdem er aus einer gemeinsamen Kanzlei auf eigenen Wunsch Ende 2012 ausgeschieden ist, hat er zum 01. Januar 2013 die Kanzlei Löwenrecht gegründet, deren Inhaber er ist.

Rechtsanwalt Arne Böthling gibt seit 2008 regelmäßig Seminare auf dem Gebiet des Arbeitslosengeldes II für Arbeitslosengeld II Empfänger, seit 2010 auch mehrfach im Jahr deutschlandweit für andere Rechtsanwälte.

Er betreibt die Internetseite www.hartz4portal.de. Diverse Zeitungs- und Fernsehberichte können Sie auf seiner Internetseite www.löwenrecht.de ansehen.

Vorwort oder
warum Justitia bei Hartz IV wegschaut….

Nunmehr gibt es Arbeitslosengeld II bereits seit 10 Jahren. Eine lange Zeit, in der man meinen könnte, dass keine Fehler mehr passieren sollten. In der man auch glauben könnte, dass die Jobcenter pflichtbewußt handeln und jeder Hilfeempfänger umfassend über seine Rechte und Pflichten aufgeklärt wird.

Jetzt mal echt – jedes Jobcenter und Sozialgericht ist doch gerecht, oder?

Glauben Sie auch, dass Jobcenter Ihnen Jobs verschaffen? Wie so ein schöner Spruch schon sagt: das Ordnungsamt räumt Ihnen auch nicht Ihre Wohnung auf.

Aufklärung über Rechte gibt es so gut wie nicht – **aber dafür lesen Sie nun dieses Buch!** Wir übernehmen die Aufgabe des Jobcenters. **Nach wie vor sind nach Schätzung des Autors ca. 75 % (!!) der ALG II Bescheide falsch!**

Unzählige Sachbearbeiterwechsel in den Jobcentern sorgen für Wirrwarr ohne Ende.
Dokumente verschwinden in den Jobcentern eher als im Bermudadreieck Schiffe.

Glauben Sie, dass es in den Sozialgerichten immer gerecht zugeht? Ist es verwunderlich, dass es beim selben Gericht (!) zum selben Thema / Fall zwei bis drei unterschiedliche Entscheidungen gibt? Komisch werden die Fälle dann, wenn während des Verfahrens ein Richterwechsel stattfindet und nunmehr plötzlich eine ganz andere Auffassung zu dem Verfahren vertreten wird…..denn auch die Richterwechsel sind an einigen Sozialgerichten erstaunlich hoch.

In einem Casino herrscht oftmals mehr Regelmäßigkeit und Konstanz als bei den Sozialgerichten/ der Rechtsprechung. Auch der Glücksfaktor ist beim Roulette weniger hoch als bei manchen Sozialgerichten. Oftmals hängt es davon ob, welchen Richter/ Richterin man zugeteilt bekommt, ob man „gewinnt" oder nicht.

Die Rechtsprechung ändert/ erweitert sich von Tag zu Tag, immer wieder schießen neue Urteile mit neuen „Ideen" aus dem Boden.
So wird auch mit den Gebühren der Rechtsanwälte interessanterweise von den Gerichten gespielt:
Für eine Untätigkeitsklage erhält ein Anwalt in Hamburg und Berlin regelmäßig über 300 Euro!
Ein Anwalt in Braunschweig oder Köln nur ca. 150 Euro, in Thüringen teilweise nur 40 Euro!
Und das für dieselbe Arbeit und bei Anwendung eines Bundesgesetztes, welches überall in Deutschland gleich sein soll.

Auch bei den Pauschalen zur Babyausstattung etc. wird gewürfelt, was das Zeug hält: bis vor kurzem betrug diese Pauschale in Salzgitter 105 Euro. In Braunschweig – nur ca. 15 km entfernt- dagegen 135 Euro.
Wie kann das sein? In Nordrhein -Westfalen sind die Sätze noch viel höher. Ist Baby nicht gleich Baby? Und wenn man diese Pauschalen in Form eines Verwaltungsaktes gerichtlich überprüfen lassen will, so behauptet das Landessozialgericht zunächst, die Überprüfung der Pauschalen hätte sogar grundsätzliche Bedeutung und lässt eine an sich unzulässige Berufung des Jobcenters damit zu (was bei grundsätzlicher Bedeutung möglich ist), um dann – nach zugelassener Berufung- die Überprüfung von Pauschalen als unzulässig abzulehnen!

Auch Eilverfahren – gerade wenn es um die Zustimmung zu einem Umzug geht- dauern gelegentlich mehrere Wochen, ja sogar Monate. Es kommt bei Umzugseilverfahren dann oft die Frage: ist die Wohnung überhaupt noch frei?

Manche Menschen sind vor Gericht gleich, manche eben gleicher…..(wobei es aber auch durchaus sehr viele faire Richter gibt)

Aber leider, leider wehren sich noch immer viel zu wenig Menschen mit Widersprüchen/ Klagen gegen die Bescheide der Jobcenter! Oftmals aus Bequemlichkeit, aus Angst oder auch weil Sie der Behörde vertrauen! Wahrscheinlich wissen 50 % der Hartz IV Empfänger gar nicht, dass ihre Bescheide falsch sind.

Fakt ist aber, dass an der Klageflut vor den Sozialgerichten nicht die Arbeitslosengeld II Empfänger Schuld sind, sondern eher die unzähligen falschen Bescheide der Jobcenter. Die Steuergelder, die dabei durch Personalkosten/ Anwaltskosten etc. „verbrannt" werden, dürften weit im Millionenbereich liegen.

Hinzu kommt der Gesetzgeber, der es den Arbeitslosengeld II Empfängern so schwer wie möglich macht, zu Ihren Rechten zu kommen:
So wurde der Wert, ab dem man in Berufung gehen kann, von 500 Euro auf 750 Euro erhöht, damit nicht so viele in einer höheren Instanz überprüft werden können.

Auch wurden die Fristen für Überprüfungsanträge nach § 44 SGB X und § 28 SGB X mal eben speziell für Hilfeempfänger – und nur für die- drastisch gekürzt!

Und nicht ohne Grund wurde nun zum 01.01.14 die Voraussetzungen und Bedingungen der Beratungshilfe und Prozesskostenhilfe erheblich verschärft: z.B. 15 Euro an Selbstbeteiligung bei der Beratungshilfe; die Möglichkeit, nunmehr gewährte Beratungshilfe zu widerrufen und noch mehr „Gründe", um Beratungshilfe komplett zu versagen!

Daher also: lesen Sie dieses Buch, setzen Sie die Anregungen um und sichern sich die Ihnen zustehenden Leistungen!

Besuchen Sie uns auch im **Facebook** auf der Seite

Löwenrecht oder dem **Hartz4Portal**

sowie den regionalen **Hartz IV Gruppen** zu jedem Bundesland: Hartz IV Hessen, Hartz IV Niedersachsen, Hartz IV Thüringen etc.

Dort können Sie chatten und sich mit anderen Leuten (auch mit Anwälten!!) kostenfrei austauschen!

Ich hoffe, Ihnen mit diesem Buch einen wertvollen Leitfaden mit vielen praktischen Tipps an die Hand gegeben zu haben. Viel Spaß beim Lesen!

Braunschweig, im November 2014   Rechtsanwalt Arne Böthling

Inhaltsverzeichnis

1. Kapitel: Der Anfang – wie Bekomme ich Arbeitslosengeld II?

Seite 1

2. Kapitel: Die Leistungen im Einzelnen — Seite 5

1. Die Regelleistung — Seite 5
2. Die Mehrbedarfe — Seite 7
3. Die Sonderleistungen — Seite 10
4. Weitere Sonderleistungen — Seite 15
5. Die Kosten der Unterkunft und Heizung / Umzüge — Seite 17

3. Kapitel: Die Gemeinschaften im SGB II — Seite 34

4. Kapitel: Einkommen und Vermögen

1. Das Einkommen — Seite 42
2. Das Vermögen — Seite 61

5. Kapitel: Sanktionen, 1 Euro Jobs und Eingliederungsvereinbarungen

1. Die Sanktionen — Seite 66
2. Die Ein Euro Jobs — Seite 75
3. Die Eingliederungsvereinbarung — Seite 76

6. Kapitel: Rückforderung und Erstattung von Leistungen / Darlehen und Aufrechnungen

1. Die Rückforderung und Erstattung von Leistungen, §§ 45, 48, 50 SGB X   **Seite 79**

2. Darlehen und Aufrechnung   **Seite 83**

7. Kapitel: Leistungen zur Existenzgründung oder Eingliederung   Seite 87

8. Kapitel: Die rechtlichen Möglichkeiten, sich zu wehren   Seite 89

    1. der Widerspruch
    2. die Klage
    3. der Überprüfungsantrag
    4. die Untätigkeitsklage
    5. das Eilverfahren

10. Kapitel: Beratungs- und Prozesskostenhilfe

    1. die Beratungshilfe   **Seite 103**

    2. die Prozesskostenhilfe   **Seite 105**

Kennen Sie schon das

Hartz-IV-Portal?
www.HartzIV-Rechtsanwälte.de

Wir helfen Ihnen sich zu wehren!

u.a. mit

 Arbeitsrecht · Familienrecht · ALG II · Strafrecht

ARNE BÖTHLING
Rechtsanwalt

Körnerstraße 9
38102 Braunschweig
Tel. 05 31 680 31 34
Fax 05 31 680 31 37
anwaltboethling@loewenrecht.de · www.löwenrecht.de

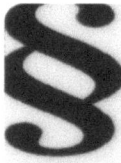

Horstmann, H.-J.
  Fachanwalt für Familienrecht
  Erbrecht
Gesterkamp, A.
  Fachanwalt für Arbeitsrecht
  Fachanwalt für Verkehrsrecht
  Fachanwalt für Verwaltungsrecht
  Strafrecht
Meier, F.
  Mietrecht
  Bau- u. Immobilienrecht
  Internetrecht
Gesterkamp, K.K.
  Fachanwältin für Familienrecht
  Arzthaftungs- und Medizinrecht
Manka, M.
  Fachanwalt für Arbeitsrecht
  Verkehrsrecht
  Strafrecht
Treude, T.
  Fachanwalt für Miet- u. WEG-Recht
Tungel, D.
  Sozialrecht
  Internetrecht

HORSTMANN & GESTERKAMP
Rechtsanwälte Fachanwälte
www.anwaelte-luenen.de

Kurt-Schumacher-Str. 1-3 · 44534 Lünen
Tel. 0 23 06 / 750 700 · Fax 750 7018
E-mail: kanzlei@anwaelte-luenen.de

1. Kapitel: Der Anfang – wie bekomme ich Arbeitslosengeld II?

Wie stelle ich den Antrag rechtssicher?

Leistungen nach dem SGB II gibt es nur auf Antrag.
Ein Antrag, der innerhalb eines Monats gestellt wurde, wirkt auf den Monatsersten zurück, vgl. § 37 SGB II.
Stellen Sie also erst am 30. eines Monats einen Antrag, erhalten Sie ab dem 01. desselben Monats bereits Leistungen!

Eine **bestimmte Form ist für den Antrag nicht vorgeschrieben**, auch wenn ein Antragsformular (dieses ist aber nicht der Antrag!) ausgefüllt werden muss, so kann der Antrag selbst sogar per Telefon gestellt werden. Das Antragsformular ermöglicht nur die Prüfung der Leistungsvoraussetzungen.
Der SGB II Träger ist wegen § 20 Abs. 3 SGB X zur Entgegennahme von Anträgen verpflichtet!

 **Der TIPP der Kanzlei Löwenrecht:**

- **sämtliche Dokumente** wie z.B. den Antrag, Mietverträge, Verdienstbescheinigungen, Widersprüche etc. dem Jobcenter so zukommen lassen, dass Sie den Zugang nachweisen können.

- stets eine Kopie fertigen und behalten oder wenn möglich besser nur die Kopie abgeben.

- **Der Zugangsnachweis geschieht am besten per Fax mit Sendebericht und einem Sendeabdruck des versandten Schriftstückes. Oder man lässt sich die Abgabe auf der Kopie „gegenzeichnen" bzw. hat einen Zeugen dabei.**

- **Unterschätzen Sie diesen Tipp nicht, denn mancher ALG II Empfänger musste schon auf die Anklagebank, weil ihm ein Leistungsbetrug unterstellt wurde, da er arbeitete, aber den Verdienst angeblich nicht angezeigt hatte.**

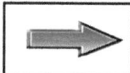 **Gesondert sind u.a. zu beantragen:**

- unabwendbarer Bedarf nach § 24 Abs. I SGB II (wirkt nicht auf Monatsersten zurück)

- alle Bedarfe der Bildung und Teilhabe – bis auf das „Schulgeld" – nach §§ 28, 29 SGB II

- Sachleistungen bei Sanktionen von mehr als 30 % Kürzung

- Erstausstattung Wohnung/ Bekleidung und Leistungen bei Schwangerschaft und Geburt sowie orthopädische Schuhe und therapeutische Geräte, § 24 Abs. 3 SGB II (wirkt nicht auf Monatsersten zurück)

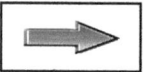 **Beantragung vorrangiger Leistungen (z.B. Unterhalt, Unterhaltsvorschuss, Wohngeld,.)**

Hilfebedürftige sind nach **§ 12 a SGB II** grundsätzlich verpflichtet, vorrangige Leistungen (wie z.B. Wohngeld, Unterhaltsvorschuss etc.) zu beantragen. Beantragen Sie diese nicht, so kann das Jobcenter Sie aber nicht sanktionieren oder etwa Ihre Leistungen einstellen.

Denn nach **§ 5 Abs. 3 SGB II** kann das Jobcenter die Leistungen selbst für den ALG II Empfänger beantragen, wenn er die Antragsstellung unterlässt, nachdem er dazu aufgefordert worden ist.

 **Der TIPP der Kanzlei Löwenrecht:**

Beantragen Sie nicht zu schnell Unterhaltsvorschuss. Denn diesen erhalten Sie nur für höchstens 6 Jahre und er wird komplett auf das Hartz IV angerechnet, nützt Ihnen also gar nichts.
Sollten Sie irgendwann dann kein Hartz IV mehr beziehen, können Sie ihn nach den 6 Jahren nicht mehr beantragen, haben ihn sozusagen „verschenkt".
Selbst wenn Sie vom Jobcenter dazu aufgefordert werden, den Unterhaltsvorschuss zu beantragen, müssen Sie dies nicht tun. Eine Antragstellung ist keine Mitwirkungspflicht! Das Jobcenter kann den Antrag nach § 5 Abs. 3 SGB II selbst stellen (sieh oben).
Eine Anrechnung eines Unterhaltsvorschusses, den Sie nicht beziehen, kann nicht erfolgen, ist rechtswidrig. Denn es können nur Einnahmen angerechnet werden, die Ihnen tatsächlich zufließen.

Wird trotzdem etwas angerechnet, hilft nur ein Eilverfahren beim Sozialgericht!

 **Der TIPP der Kanzlei Löwenrecht:**

Haben Sie Zweifel, welche Behörde für Sie zuständig ist – ob z.b. das Jobcenter oder die Wohngeldstelle oder das Sozialamt (wenn Sie z.b. nur weniger als 3 Stunden täglich arbeiten können) oder gar das Arbeitsamt, dann stellen Sie **zeitgleich bei mehreren in Frage kommenden Behörden Ihre Anträge**, damit es Ihnen nicht passieren kann, dass Sie eine Antragsfrist versäumen.

 **Der TIPP der Kanzlei Löwenrecht:**

Falls Sie einen Antrag beim „falschen" Amt gestellt haben und dieser abgelehnt wird, können Sie nach Ablehnung des Antrags nach § 28 SGB X iVm § 40 SGB II einen Antrag beim „richtigen" Amt stellen (Achtung: kurze Frist!) und erhalten für 1 Jahr rückwirkend Leistungen auf ALG II!

2. Kapitel: Die Leistungen im Einzelnen

Was steht mir im Einzelnen zu?

Die Regelleistung	Die auch ohne gesonderten Antrag zu gewährenden Sonderleistungen; „Mehrbedarfe"	Die Sonderleistungen, die nur auf gesonderten Antrag gewährt werden	Die Kosten der Unterkunft und Heizung inkl. Warmwasser, ohne Strom

Arbeitslosengeld II erhalten alle Personen ab 15 Jahren bis 65 Jahre (und 3 bzw. 4 Monate), deren gewöhnlicher Aufenthalt in der BR Deutschland ist, die erwerbsfähig sind (also mindestens 3 Stunden täglich/ 15 Stunden wöchentlich arbeiten können) und hilfebedürftig sind.

1. Die Regelleistung

Die Regelleistung (hier Stand 2015) ist eine feste Größe, die anhand bestimmter Bedarfe ermittelt worden ist. Sie soll alles abdecken, was Sie zum Leben brauchen, außer der Unterkunftskosten und der Sonder- und Mehrbedarfe. Die Regelleistung ist je nach Alter und Mitglieder / Stellung in der Bedarfsgemeinschaft unterschiedlich hoch und ändert sich nahezu jährlich:

Alleinstehende/ Alleinerziehende	399 Euro (2014:391 Euro)	100 %	§ 20 Abs. 2
Personen, deren Partner mdjährig ist	399 Euro (2014:391 Euro)	100 %	§ 20 Abs. 2
Zwei volljährige Partner in BG	360 Euro (2014:353 Euro)	Je 90 %	§ 20 Abs. 4

Erwerbsfähige in BG ab 18 Jahre bis 25.Geburtstag oder ohne Zustimmung ausgezogene	320 Euro (2014:313 Euro)	80 %	§ 20 Abs. 2 S.2
Von 14 bis 17 Jahre	302 Euro (2014:296 Euro)	80 %	§ 23 Abs. 3 iVm § 77 SGB II
Nicht erwerbsfähige 6 bis 13 Jahre	267 Euro (2014:261 Euro)	70 %	§ 23 S.1 Nr.1 iVm § 77 SGB II
Nicht erwerbsfähige unter 6 Jahren	234 Euro (2014:229 Euro)	60 %	§ 23 S.1 Nr.1 iVm § 77 SGB II

Was beinhaltet der Regelsatz?

141,65 Euro : Nahrung, alkoholfreie Getränke
44,05 Euro : Freizeit, Unterhaltung, Kultur
35,23 Euro : Nachrichtenübermittlung
33,52 Euro : Bekleidung, Schuhe
33,36 Euro : Wohnen, Energie, Wohnungsinstandhaltung
30,24 Euro : Innenausstattung, Haushaltsgeräte- gegenstände
29,21 Euro : andere Waren und Dienstleistungen
25,14 Euro : Verkehr
17,16 Euro : Gesundheitspflege
 7,91 Euro: Beherbergungs- Gaststättendienstleitungen
 1,53 Euro: Bildung

ARNE BÖTHLING
Rechtsanwalt

Körnerstraße 9
38102 Braunschweig
Tel. 05 31 680 31 34
Fax 05 31 680 31 37
anwaltboethling@loewenrecht.de · www.löwenrecht.de

2. Was erhalte ich zusätzlich – ohne gesonderten Antrag – wenn die Voraussetzungen vorliegen? Die Mehrbedarfe.
- Paragraphen: §§ 21, 23, 28 SGB II –
(diese Leistungen erhält man zusätzlich als Beihilfe!)

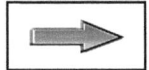 **Mehrbedarfszuschlag für Schwangere ab der 13. Schwangerschaftswoche**

17 % der Regelleistung monatlich bis zur Geburt

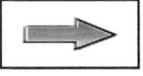 **Mehrbedarfszuschlag für allein Erziehende**

36 % der maßgeblichen Regelleistung, wenn man mit einem Kind unter 7 Jahren oder 2 oder 3 Kindern unter 16 Jahren zusammenlebt **oder 12 %** für jedes mdj. Kind, wenn sich dadurch höherer Prozentsatz ergibt, höchstens jedoch **60 %** der maßgeblichen Regelleistung. **Alleinerziehend** ist der / die Hilfebedürftige, wenn er/ sie mit minderjährigen Kindern zusammenlebt und **im Wesentlichen** allein für deren Pflege und Erziehung sorgt. Wie hoch dabei der Erziehungsanteil sein muss, ist nicht geregelt. So kann auch ein Elternteil alleinerziehend sein, wenn der andere Elternteil jeden Tag mit dem Kind die Hausaufgaben macht.

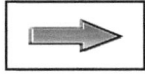 **Mehrbedarfszuschlag für krankheitsbedingte, kostenaufwendige Ernährung**

Es muss ein Zusammenhang zwischen Krankheit und Notwendigkeit einer zur Normalkost kostenaufwendigeren Ernährung (nicht: Tabletten etc.) bestehen; der Bedarf muss aus medizinischen Gründen nachgewiesen werden.
Die Höhe des Zuschlags ist im Gesetz nicht geregelt.

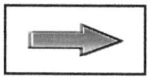 ### Mehrbedarfszuschlag für Nichterwerbsfähige mit Merkzeichen G, aG

Wenn man **voll** erwerbsgemindert ist und als Schwerbehinderter mit Gehbehinderung oder außergewöhnlicher Gehbehinderung anerkannt ist; der Zuschlag beträgt 17 % der für sie maßgeblichen Regel-Leistung. Erhält man schon Zuschlag nach § 21 Abs. 4 SGB II (siehe nächster Punkt), so entfällt dieser Zuschlag nach Nr.4; Kinder unter 15 Jahren können diesen Zuschlag angeblich nicht erhalten(teilweise streitig).

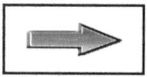 ### Mehrbedarfszuschlag (§ 21 Abs.4 SGB II) für Menschen mit Behinderungen, wenn

der behinderte Mensch Leistungen zur Teilhabe am Arbeitsleben nach § 33 SGB IX sowie sonstige Hilfen zur Erlangung eines geeigneten Platzes im Arbeitsleben oder Eingliederungshilfe nach § 54 SGB XII von einem öffentlich rechtlichem Träger **tatsächlich bekommt;** der Zuschlag entsteht in Höhe von **35 %** der maßgeblichen Regelleistung

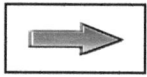 ### Mehrbedarfszuschlag für Warmwasserzubereitung, § 21 Abs.7 SGB II

Es werden die Warmwasserkosten als Kosten der Unterkunft übernommen. Bei **dezentraler Warmwasserzubereitung** (z.B. bei Boiler, Durchlauferhitzer) werden zwischen 1,83 und 8,99 Euro pro Monat und pro Person als Mehrbedarf gewährt, § 21 Abs. 7 SGB II (Stand 2014).

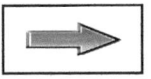 **Mehrbedarfszuschlag für atypische Bedarfe (z.B. bei Kosten für Umgangsrecht!), § 21 Abs. 6 SGB II**

Erwerbsfähige Hilfebedürftige erhalten diesen Mehrbedarf, soweit im Einzelfall ein

    a) **unabweisbarer,**
    b) **laufender, nicht nur einmaliger**
    c) **besonderer Bedarf** besteht.

Dieser Zuschlag setzt keinen gesonderten Antrag voraus!

 **Der TIPP der Kanzlei Löwenrecht:**

Oftmals berechnen die Jobcenter manche Mehrbedarfe zu Unrecht Tag genau. Der Alleinerziehungszuschlag wird dann z.b. in dem Monat, in dem das minderjährige Kind 18 Jahre alt wird, nur teilweise – bis zum Tag des Geburtstags – gewährt, also anteilig.
Dies sollte man nicht hinnehmen. Der Alleinerziehungsschlag ist eine Pauschalleistung, die – nach Auffassung mehrerer Sozialgerichte- nicht gestückelt werden kann.

Ebenso kann auch die Regelleistung nicht im Monat Februar auf nur 28 Tage gestückelt werden, sondern ist immer (außer bei einem Leistungsausschluss) mit 30 Tagen anzusetzen.

3. Was kann ich extra beantragen? Die „Sonderleistungen", § 24 Abs.3 SGB II (als Beihilfe)

WICHTIG: Diese Leistungen gibt es nur auf Antrag!!

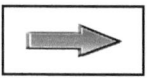 **Erstausstattung für Bekleidung einschließlich Schwangerschaft und Geburt sowie Babyerstausstattung**

Bekleidungsbedarf besteht bei **Schwangerschaft und Geburt** oder bei **Totalverlust** oder bei **außergewöhnlichen Umständen (Haftentlassung, Wohnungslosigkeit str.).** Umstandskleidung ist zu gewähren.

Bei Wachstumsschüben soll es keine Erstausstattung geben.

Zur Babyausstattung gehören sowohl **Möbel** als auch **Bekleidung**. Ein Kinderwagen, nicht aber ein Autositz gehört dazu. Ebenso eine "Grundausstattung" mit z.B. Windeln, Schlafanzug, Babyflaschen, etc.

 **Aufbewahrungsfristen** von Schwangerschaftskleidung, Kinderbedarfen etc finden keine Rechtsgrundlage im Gesetz. Daher sollte dagegen mit Widerspruch/ Klage vorgegangen werden.

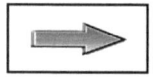 **Erstausstattung für die Wohnung einschließlich Haushaltsgeräten**

Grundsätzlich wird diese Erstausstattung nur gewährt, wenn man Möbel benötigt, die man zuvor **noch nie im Eigentum**

hatte; <u>Ausnahmen</u>: Brand, Trennung vom Ehepartner, JVA Aufenthalt,..
Erstausstattungsgegenstände sind alle existenznotwendigen Möbel. Dazu zählen Bett, Lampen, Gardinen (str.), Waschmaschine (auch bei einer Person!), Herd, Kühlschrank, Staubsauger (str.), Schränke, ..); ein Teppichboden und PC sollen <u>nicht</u> dazu zählen.
Auch ein Fernseher ist kein Erstausstattungsgegenstand wie das BSG entschieden hat.

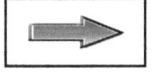 **Anschaffung und Reparatur orthopädischer Schuhe; Miete und Reparatur therapeutischer Geräte und Ausrüstung**

Orthopädische Schuhe: sind Schuhe, die im Hilfsmittelverzeichnis aufgelistet sind und zur Erhaltung der Gesundheit erforderlich sind; ärztliche Verordnung nötig.
Einlagen können hier übernommen werden.

 **Der TIPP der Kanzlei Löwenrecht:**

Die Bedarfe dürfen in **Pauschalen** gewährt werden, diese müssen allerdings - und das gelingt oft nicht- auf <u>nachvollziehbaren Erfahrungswerten</u> basieren. Lassen Sie sich also nicht mit zu niedrigen Pauschalen abweisen!
Auf gebrauchte Waren darf allerdings verwiesen werden.

Achtung: alle diese hier genannten „Sonderleistungen" gibt es alle **als Beihilfe, also als Geschenk**!

Die Gewährung der Sonderleistungen kann in **Geld, aber auch als Sachleistung** – sogar in Form von Gutscheinenerfolgen. Die Gutscheingewährung dürfte nach Auffassung des Autors aufgrund der eingeschränkten Nutzung grob rechtswidrig sein, wird aber von nahezu allen Gerichten als rechtmäßig eingestuft.

Ein **Jugendbett** ist auch als Beihilfe zu übernehmen, **BSG Urteil vom 24.05.13 B 4 AS 79/12 R**. Also beantragen Sie es, wenn Ihre Kinder aus dem Gitterbett rausgewachsen sind!

Ein **Schülerschreibtisch** kann zur Erstausstattung zählen, so das **SG Berlin 15.02.2012, S 174 AS 28285/11 WA**).

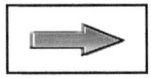 **Leistungen zur Bildung und Teilhabe, §§ 28, 29 SGB II (nur auf Antrag !):**

Für Leistungsberechtigte, die das 25. Lebensjahr noch nicht vollendet haben, eine allgemein oder berufsbildende Schule (oder Kita, Tagesmutter etc.) besuchen und keine Ausbildungsvergütung erhalten gibt es folgende Leistungen:

- **Schülerbeförderungskosten**
  zur **nächstgelegenen** Schule des gewählten Bildungsgangs für Schüler, wenn Bedarf nicht aus Regelleistung des Schülers gedeckt werden kann und keine Kostenübernahme durch Dritte möglich ist und Kind auf Beförderung angewiesen ist

- **Klassenfahrten, Tagesausflüge (auch in Kitas etc.) werden komplett übernommen (inkl. Eintrittsgeldern)**

- **Mittagessen in Kita, Schule etc. wird übernommen, wenn es gemeinschaftlich wahrgenommen wird**

-**Angemessene Lernförderung ("Nachhilfe")**, aber nur, wenn Lernförderung geeignet und **zusätzlich** erforderlich ist, um die **wesentlichen** vorgeschriebenen Lernziele zu erreichen (§ 28 Abs. 5 SGB II); also nicht nur zur „Wunsch"- Noten-verbesserung

-**70 Euro** für **Schulbedarf** im August und **30 Euro** im Februar gibt es für jedes schulpflichtige Kind auch **ohne Antrag**

Unabhängig vom Schulbesuch oder dem Erhalt einer Ausbildungsvergütung gibt es bis zur Vollendung des 18.Lebensjahrs den **Bedarf zur Teilhabe am sozialen und kulturellen Leben in Höhe von 10 Euro monatlich** für z.B. Mitgliedsbeiträge in den Bereichen Sport, Spiel, Kultur und Geselligkeit, Unterricht in künstlerischen Fächern (zum Beispiel Musikunterricht) und vergleichbare angeleitete Aktivitäten der kulturellen Bildung.

 Ein im laufenden Bewilligungsabschnitt gestellter Antrag auf Leistungen zur Teilhabe am sozialen und kulturellen Leben wirkt auf den Beginn des Bewilligungszeitraums zurück, § 37 Abs. 2 SGB II.
Die 10 Euro können daher auch „angespart" werden, um z.B. ein 30 Euro teures Theaterstück zu besuchen.

Rechtsanwältin

Claudia Reichardt

Mußbachstr. 25
D-61348 Bad Homburg

Tel.: +49 - 6172 - 30 61 89
Fax: +49 - 6172 - 944 74 76
clr_consulting@gmx.net

4. Weitere „Sonderleistungen" (alle Leistungen als Darlehen)

 Abweichende Erbringung von Leistungen, § 24 Abs. 1 SGB II

Nach § 24 Abs. 1 SGB II kann **auf Antrag** ein Darlehen gewährt werden (z.b. bei Ersatzanschaffungen!)

<u>Voraussetzung:</u>

a) es besteht ein an sich von der Regelleistung umfasster ungedeckter Bedarf

b) dieser Bedarf ist unabweisbar (duldet keinen Aufschub)

c) es wurden keine Gelder angespart, um den Bedarf zu decken

d) es ist keine „Mittelumschichtung" möglich

Gewährt werden kann das Darlehen nach Wahl des SGB II Trägers als **Geld- oder Sachleistung**. Liegen die Voraussetzungen a- d vor, so <u>muss</u> ein Darlehen gewährt werden (auch wenn nichts angespart wurde).

 **Man hat einen neuen Job, bekommt aber das erste Gehalt erst am Monatsende**

§ 24 Abs. 4 SGB II: Ein Darlehen wird auch gewährt, wenn für den laufenden Monat Einkommen <u>zur Bedarfsdeckung erwartet</u> wird, also man Ende des Monats erst seinen Lohn bekommt.

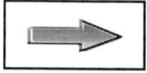 Man verfügt über Vermögen, welches man nicht sofort verwerten kann

§ 24 Abs. 5 SGB II: Ist einsetzbares Vermögen vorhanden, so sind die Leistungen **als Darlehen** zu erbringen, wenn das Vermögen nicht sofort verbraucht/ verwertet werden kann. Aber hier bereits Achtung: eine Erbschaft ist grundsätzlich Einkommen, kein Vermögen. Sie kann eventuell in einem späteren Bewilligungsabschnitt zu Vermögen werden.

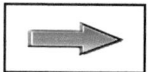 Es bestehen Stromschulden, Mietschulden etc.

§ 22 Abs.8 SGB II: Bei Stromschulden oder Energieschulden, Mietschulden etc. kann nach § 22 Abs.8 SGB II ein Darlehen übernommen werden, wenn ohne Darlehensübernahme eine Notlage wie z.B. **Wohnungslosigkeit, Stromsperre** o.ä. droht. Voraussetzung für die Gewährung des Darlehens ist aber, dass der Hilfeempfänger zuvor versucht hat, eine Ratenzahlung mit dem Energieunternehmen / Vermieter zu erhalten.

5. Die Kosten der Unterkunft und Heizung

Nach § 22 SGB II besteht ein Anspruch auf die laufenden und einmaligen Leistungen, die zur Deckung der **tatsächlichen Unterkunfts-** (Kaltmiete plus Betriebskosten) **und Heizkosten** notwendig sind, allerdings nur, soweit sie **angemessen** sind. Der Bedarf muss grundsätzlich **individuell** geprüft werden.
Auch **Warmwasserkosten** werden übernommen.

a. Welche Mietkosten (ohne Heizkosten) sind angemessen?

> Das BSG (u.a. Urteil vom 22.09.09, B 4 AS 18/09 R bzw. vom 12.12.2013- B 4 AS 87/12 R) fordert ein schlüssiges Konzept zur Ermittlung des angemessenen Mietpreisniveaus: die Datenerhebung darf nur einen Vergleichsraum betreffen, der eine Ghettobildung vermeidet (also groß genug ist). Es sind Angaben über den Beobachtungszeitraum und die Festlegung der Art und Weise der Datenerhebung (welche Erkenntnisquelle? Welcher Mietspiegel?) mitzuteilen. Eventuell kann auch ein qualifizierter Mietspiegel herangezogen werden; ansonsten sind eigene Methoden zu entwickeln, die dann nachvollziehbar – mit vollständiger fortlaufender Datenerhebung- darzulegen sind. Wenn kein schlüssiges Konzept vorliegt, dann soll auf die Tabellenwerte des § 12 WOGG zurückgegriffen werden (mit „angemessenem Zuschlag" in Höhe von 10 %).

Mittlerweile ist es in Deutschland so, dass nahezu kein Jobcenter Bezirk über ein rechtmäßiges Konzept zur Ermittlung des angemessenen Mietpreisniveaus verfügt. Erste Versuche wurden von den Gerichten bereits „gekippt".
Daher gilt nahezu überall die Wohngeldtabelle des § 12 WOGG zuzüglich eines 10%igen Zuschlags:

Anzahl der Haushaltsmitglieder	Mietstufe	Höchstbetrag in Euro
1	I	292
	II	308
	III	330
	IV	358
	V	385
	VI	407
2	I	352
	II	380
	III	402
	IV	435
	V	468
	VI	501
3	I	424
	II	451
	III	479
	IV	517
	V	556
	VI	594
4	I	490
	II	523
	III	556
	IV	600
	V	649
	VI	693
5	I	561
	II	600
	III	638
	IV	688
	V	737
	VI	787

Mehrbetrag für jedes weitere Haushaltsmitglied	
I	66
II	72
III	77
IV	83
V	88
VI	99

Zunächst muss man – gegebenenfalls über das Internet- ermitteln, in welcher Mietstufe der jeweilige Wohnort liegt. Die Werte für die Miete müssen dann aus der Wohngeldtabelle nur noch – je nach Anzahl der Haushaltsmitglieder- abgelesen werden. Die Werte stellen die Kaltmiete inklusive der Betriebskosten bzw. Nebenkosten (aber ohne Heizkosten!) dar.

Zu den dann ermittelten Werten ist ein **10%iger Zuschlag** zu addieren.

Beispiel:

Eine Frau lebt mit ihrer Tochter in Braunschweig. Für Braunschweig gilt Mietstufe IV. Daher darf die Kaltmiete inkl. Betriebskosten insgesamt 435 Euro plus 10 % (43,50 Euro), mithin insgesamt 478,50 Euro betragen.

Der TIPP der Kanzlei Löwenrecht:

Es ist für die Bestimmung der Kaltmiete inkl. Betriebskosten **völlig egal, wie groß die Wohnung ist.** Wenn der Preis stimmt, dann kann die Wohnung auch für eine Person z.B. 500 m² groß sein, es spielt keine Rolle. Die Wohnungsgröße spielt einzig und allein bei der Ermittlung der angemessenen Heizkosten eine Rolle.

b. Welche Heizkosten sind angemessen?

Zu den Heizkosten gehören die Kosten für **Zentralheizung** ebenso wie auch die Kosten für **Brennstoffe**.

Zur Berechnung, ob Heizkosten angemessen sind, ist auf **kommunale bzw. bundesweite Heizspiegel** (findet man im Internet) zurückzugreifen. Dort muss man in eine Tabelle schauen, welcher Baualtersklasse das Haus, in dem man wohnt, zugehörig ist. Dann ergeben sich dort Heizwerte pro m2 für die jeweilige Baualtersklasse.
Dort ist der höchste Wert zu nehmen. Die Formel für angemessene Heizkosten lautet:

Höchstwert Heizspiegel pro m² * angemessene Wohnfläche= angemessene Heizkosten.

Unzulässig ist es bei einer Wohnung, die von den Quadratmetern zu groß ist, dass die Heizkosten nur anteilig (z. B. Heizkosten : Gesamtfläche * angemessene Wohnfläche) gewährt werden. Dies widerspricht der sogenannten Produkttheorie, wonach der Gesamtpreis entscheidend ist, man also eine größere Wohnung durchaus anmieten darf.

Bei einer Person sind 50 m² angemessen, bei 2 Personen 60m², bei drei Personen 75m² etc.

Beispiel:

eine Person bewohnt eine Wohnung mit 70 m². Die Person heizt monatlich für 100 Euro.
Im Heizkostenspiegel ergibt sich als Höchstwert bei der Baualtersklasse der Wohnung ein Wert von 2 Euro pro m², die man heizen darf.

Da 50m² angemessen wären, ermitteln sich die angemessenen Heizkosten wie folgt: 50m² *2 Euro= 100 Euro.

Die Heizkosten sind also angemessen und voll zu übernehmen, obwohl die Wohnung 70 m² groß ist.

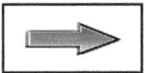 **Heizkosten bei selbst zu bestückender Heizung:**

Bei **Kohleöfen** wird für die Monate der Heizperiode (Oktober-April) eine Brennstoffhilfe gewährt. Grundsätzlich ist der SGB II Träger nicht verpflichtet, vor der Brennstofflieferung eine Kostenübernahmeerklärung abzugeben. Wird aber ansonsten nicht geliefert, muss dies geschehen. Der SGB II Träger kann den Bewilligungsbescheid mit einer Zweckbindung (§ 47 SGB X) und der Auflage einer Rechnungsvorlage versehen werden.

Bei selbst zu füllendem **Öl-/ Gastank** sind die Kosten für die Wartung, das Befüllen und den Strom für die Heizung zu übernehmen.
Als Verbrauchs- und Übernahmerichtwerte kann der SGB II Träger auf die Verbrauche der Vorjahre des Leistungsbezugs zurückgreifen.
Sind nicht leistungsberechtigte Mitglieder in der BG, so wird nur der Teil der Kosten übernommen, der auf die Leistungsberechtigten entfällt.
Auch hat bei selbst zu bestückender Heizung der Abzug für die Haushaltsenergie zu erfolgen.

Bei **Nachtspeicheröfen** ist der Strom als Heizkosten anzusehen und daher zu übernehmen! Auch hier ist der Strombedarf zum Betreiben der Anlage den Heizkosten zuzurechnen.

c. Was passiert, wenn meine Kosten der Unterkunft oder Heizung tatsächlich zu hoch sind?

Ist die Miete/ Heizkosten unangemessen hoch, so ist dem Hilfebedürftigen/ der BG dies mitzuteilen („Kostensenkungsschreiben"). Dem Hilfebedürftigen wird nun eine Frist von bis zu 6 Monaten gesetzt, innerhalb derer er sich um einen Umzug in eine angemessene Wohnung bemühen soll oder die Kosten anderweitig - z.b. durch Untervermietung- senken soll.
Die 6 -Monatsfrist kann in Ausnahmefällen auch kürzer sein. Nur in atypischen Fällen wird sie verlängert (z.b. Schwangerschaft, zeitnahe Einkommenserzielung, schwere Krankheit, alleinerziehende mit 2 oder mehr Kindern, ..). Hat der Hilfebedürftige kein Kostensenkungsschreiben erhalten, sind auch keine Kosten zu senken.

 Weigert man sich von vornherein umzuziehen oder unterzuvermieten, so kann die Frist sofort erlöschen!

Bei unangemessen hohen Heizkosten ist auch eine Frist von grds. 6 Monaten zur Senkung der Kosten zu setzen. Trotzdem sind bei zu hohen Heizkosten etliche Faktoren wie Isolierung, Deckenhöhe, Alter und Lage der Wohnung etc. zu berücksichtigen.

Senkt der Leistungsempfänger seine Unterkunfts- und Heizkosten nicht, so darf er weiterhin in der Wohnung wohnen bleiben, erhält aber nur noch die angemessenen Unterkunftskosten, es sei denn, es war nicht möglich/ zumutbar, die Kosten zu senken (dies müsste dann der Hilfebedürftige nachweisen).

 **Man kann also niemanden zum Umzug zwingen, nur indirekt durch die geringeren Zahlungen.**

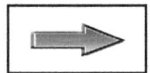 Übernahme von Kosten für Garage/Pkw Stellplatz/Kabelanschluss

nur, wenn diese Kosten jeweils Bestandteil des Mietvertrags sind und Miete dennoch angemessen ist (nach schlüssigem Konzept bzw. § 12 WOGG plus Zuschlag)

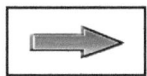 Einzugs-Auszugsrenovierungen

nur, wenn mietvertraglich wirksam vereinbart! Dazu muss man vorher einen Antrag stellen, man bekommt aber grundsätzlich nur die Kosten für Pinsel, Farbe, Tapete etc, nicht für Handwerker (nur in Ausnahmefällen).
Bei Einzugsrenovierung ist darauf zu achten, dass man möglichst darlegen kann, dass nicht genug renovierte Wohnungen leer standen, in die man hätte einziehen können.
Bei einer Mietminderung muss das Jobcenter auch nur die geminderte Miete zahlen!

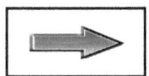 Die Kosten einer Eigentumswohnung / Haus

u.a. werden übernommen (Aufzählung nicht abschließend): Erbpachtzinsen, Schuldzinsen (wenn sich diese im Rahmen der angemessenen Bruttokaltmiete bewegen), Instandhaltungsrücklage nach § 16 Abs. 2 WEG (aber nur für reine Werterhaltung!), Grundsteuern, Betriebskosten, ggfs.

Hausgeld, reiner (aber angemessener und nicht wertsteigernder) Erhaltungsaufwand, Gebäudeversicherung, öffentliche Abgaben,..(diese Ausgaben sind nicht auf Monate zu verteilen, sondern dann zu übernehmen, wenn sie tatsächlich anfallen; dies wird in der Praxis so aber nicht befolgt werden können); sonstige Nebenkosten, die auch bei Mietwohnungen anfallen würden (ungerecht, da man größeres Eigentum haben darf, aber dann doch an Mietwohnung gemessen wird).

Nicht zu übernehmen sind grundsätzlich die Tilgungen (vgl dazu BSG 18.06.08, B 14/11b AS 67/06 ER; BSG 07.11.06- B 7b AS 8/06 R). In Ausnahmefällen können diese in Höhe der angemessenen Miete am Ort übernommen werden, wenn z.B. Hilfebezug nur noch wenige Monate andauert oder eine Tilgungsaussetzung- Streckung nicht möglich ist und die Tilgungsraten zusammen mit den Zinsen die Kaltmiete für eine angemessene Wohnung nicht überschreiten.

§ 22 Abs.2 SGB II: Reparaturen werden teils als Beihilfe (soweit angemessen), teils als Darlehen übernommen

d. Muss das Jobcenter eine Nachforderung des Vermieters wegen Betriebs- und/oder Heizkosten übernehmen?

Ja, aber grundsätzlich sind nur angemessene Kostennachforderungen zu übernehmen.
Wenn man noch nicht auf Kostensenkung/ überhöhten Verbrauch hingewiesen wurde, hat die Übernahme der gesamten Kosten zu erfolgen. (außer bei bewusst verschwenderischem Verhalten) (vgl. BSG 06.04.11, B 4 AS 12/10 R).
Nach Kürzungsandrohung ist Kürzung/ Ablehnung möglich, aber auch hier hat eventuell (z.B. über Gutachter) eine

Angemessenheitsprüfung zu erfolgen und die Kostenentwicklung ist zu beachten. Also: möglichst mit Widerspruch/ Klage zur Wehr setzen.

 Es sind auch Nachforderungen aus Zeiträumen zu übernehmen, in denen man noch nicht im ALG II Bezug stand, wenn man zum Zeitpunkt der Nachforderung aktuell im ALG II Bezug steht.

e. Was passiert, wenn ich eine Rückzahlung aus geleisteten Betriebs-Heizkosten erhalte?

Diese Gelder mindern in den nächsten Monaten nach der Rückzahlung die Kosten der Unterkunft und Heizung (und auch nur diese Kosten!). Streitig ist, ob eine Anrechnung auch zu erfolgen hat, wenn mit einer Forderung des Vermieters z.B. aus Mietschulden/ Schadensersatz verrechnet wird, da man das Guthaben dann nicht zur Verfügung hat. Dazu folgende Urteile:

BSG Urteil vom 16.05.12 B 4 AS 132/11 R
Betriebskostenguthaben kann auch dann Einkommen sein, wenn es vom Vermieter wegen ausstehender Mietrückstände verrechnet worden ist; aber: wenn der Leistungsberechtigte das Einkommen aus Rechtsgründen nicht oder nicht ohne Weiteres realisieren konnte, hat eine Anrechnung zu unterbleiben!

**BSG Urteil vom 16.05.12 B 4 AS 159/11 R –
zum „fiktiven Guthaben"**
Guthaben aus Betriebskostenvorauszahlungen dürfen nur dann angerechnet werden, wenn sie als Einkommen zu qualifizieren sind, also tatsächlich zugeflossen/gutgeschrieben worden sind; „fiktive Guthaben" können daher nicht nach § 22 Abs.1 S.4 SGB II zurückgefordert werden.

 **BSG Urteil vom 23.05.13 B 4 AS 67/12 R – zu Sanktion und KDU der übrigen BGMitglieder**
Eine „Mithaftung" der übrigen BG Mitglieder sieht das SGB II nicht vor. Die KDU sind zwar bei dem Sanktionierten ggfs. zu kürzen, aber die übrigen BG – Mitglieder haben dann einen höheren Anspruch auf KDU. **Also sind in einer Bedarfsgemeinschaft immer die vollen Kosten der Unterkunft zu gewähren, auch wenn ein Mitglied der BG sanktioniert wird.**

f) Umzüge

Umzüge
Jeder Hilfebedürftige darf umziehen; will er allerdings kein Kostenrisiko eingehen, sollten die folgenden Voraussetzungen gegeben sein:

Man muss sich die Zustimmung des Jobcenters vor dem Unterzeichnen des Mietvertrags zum Umzug einholen, um alle Umzugskosten / Wohnungskosten sicher zu erhalten: das Jobcenter muss zustimmen, wenn der Umzug **erforderlich** ist **und** die „neue" Wohnung **angemessen** ist, § 22 Abs. 4 S.2 SGB II.

Also müssen, um die Zustimmung des Jobcenters zu erhalten, die folgenden zwei Voraussetzungen **erfüllt sein:**

1. Umzug erforderlich ?	2. neue Wohnung von den Kosten angemessen?
Beispiele: - rechtskräftiges Räumungsurteil liegt vor - berufliche oder private Gründe (z.B. Trennung, Pflege von Angehörigen) - SGB II Träger hat zum Umzug aufgefordert, um Kosten zu senken - Wohnumfeld ist unzumutbar - Wohnfläche nicht ausreichend (oft bei Geburt) - eventuell Mietmängel (siehe Tipp)	**Hierzu vergleiche die Ausführungen zu den Unterkunftskosten:** grds. gilt **§ 12 WOGG (mit 10%igem Zuschlag) plus Heizkosten (Heizkostenspiegel).**

 **Der TIPP der Kanzlei Löwenrecht:**

Um beim Vorliegen von Mietmängeln einen Umzug „erforderlich" zu machen, muss der Hilfebedürftiger nachweisen, dass er sich zunächst wegen der Mietmängel erfolglos mit seinem Vermieter auseinander gesetzt hat, also Schriftverkehr erfolgt ist und/ oder zumindest eine akute Gesundheitsgefährdung vorlag.
Teilweise wird sogar von den Gerichten verlangt, dass bereits eine Mietminderung durchgeführt wurde.

 Ohne Zustimmung darf man trotzdem umziehen, es besteht aber dann kein Anspruch auf Umzugskosten, Mietkaution und Wohnungsbeschaffungskosten.

 Trotzdem kann es sein, dass die „neue" Miete – also auch ohne Zustimmung – übernommen wird: nämlich dann, wenn sie angemessen ist (siehe oben) **und** der Umzug erforderlich war (man aber keine Zustimmung eingeholt hat). Bei einem erforderlichen Umzug (aber ohne Zustimmung oder in unangemessene Wohnung) werden also zumindest stets die angemessenen Mietkosten übernommen!

 War der Umzug <u>nicht</u> erforderlich, dann darf das Jobcenter die neue Miete auf die „alten" Mietkosten – also die, die in der vorherigen Wohnung übernommen wurden- begrenzen!

Ausnahme: Keine Begrenzung der Unterkunftskosten bei einem Umzug in ein anderes Bundesland / einen anderen Vergleichsraum. (BSG, 01.06.10, B 4 AS 60/09 R)

Und ganz wichtig:

BSG , Urteil vom 09.04.2014 - B 14 AS 23/13 R

Das BSG hat entschieden, dass die Unterkunftskosten eines ALG II Empfängers, dessen Kosten der Unterkunft und Heizung nicht in voller Höhe übernommen werden, weil sie in eine teurere Wohnung umgezogen sind, doch wieder in voller Höhe zu übernehmen sind, wenn sie mindestens einen Monat infolge Erwerbseinkommen aus dem Bezug fallen.

§ 22 Abs 1 S 2 SGB II entfaltet keine Wirkung mehr, da der Kläger zu Beginn des streitigen Bewilligungsabschnitts seine frühere Hilfebedürftigkeit für mindestens einen Kalendermonat durch bedarfsdeckendes Einkommen überwunden hatte und aus dem Leistungsbezug ausgeschieden war. Mit Eintritt der neuen Hilfebedürftigkeit lag ein neuer Leistungsfall vor, bei dem die Aufwendungen für Unterkunft und Heizung nach § 22 Abs 1 S 1 SGB II zu übernehmen sind."

Zuständiges Jobcenter:
der SGB II Träger am Wegzugsort muss die Erforderlichkeit und die Angemessenheit der „neuen" Wohnung prüfen; der SGB II Träger am Wegzugsort muss beim „neuen" SGB II Träger anfragen, welche Mieten dort angemessen sind; der neue Träger ist zu beteiligen (§ 22 Abs.4 SGB II); vorsichtshalber sollte sich auch der Hilfebedürftige diese Informationen einholen und den Umzug bzw. dessen Kosten bei beiden Jobcentern beantragen.

 **Der TIPP der Kanzlei Löwenrecht:**

Der Hilfeempfänger muss sich also zunächst eine Wohnung suchen, den **Mietvertrag noch nicht unterschreiben** und das Jobcenter um Zustimmung zu dieser Wohnung bitten.
Stimmt das Jobcenter dem Umzug nicht zu oder lässt sich Zeit bei der Entscheidung, muss ein **Eilverfahren** beim Sozialgericht durchgeführt werden.

Wohnungsbeschaffungskosten und Umzugskosten (zuständig „alter" SGB II Träger)

P: Mietkaution:

für deren Übernahme ist die Zusicherung des „neuen" Jobcenters (sonst ist nämlich das „alte" Jobcenter für **Wohnungsbeschaffungskosten und Umzugskosten zuständig!!**) notwendig (wenn Kaution erst bei Einzug fällig wird) und muss vor Abschluss des Mietvertrages eingeholt werden.

Die Mietkaution ist nach § 42a SGB II monatlich anteilig mit 10 % zu tilgen.

Auch Genossenschaftsanteile sind zu übernehmen.

Umzugskosten:

Grundsätzlich ist der Umzug **in Eigenregie** durchzuführen. Allerdings hat das Jobcenter dann eine Pauschale oder die konkreten Kosten für einen Umzugswagen und die Helfer („Helferpauschale") zu zahlen. Auch die Kosten für Umzugskartons können übernommen werden, wenn diese notwendig sind.
Wenn Eigenbemühungen nicht zumutbar sind (z.B. wegen Alters, Krankheit etc.) müssen die Kosten für eine **Umzugsfirma** übernommen werden. Dazu sind mehrere Kostenvoranschläge bei dem Jobcenter einzureichen.

Ungenehmigter Auszug von unter 25 Jährigen, §§ 22 Abs. 5 ff., 20 Abs.3 SGB II

Grundsatz:

Keine Übernahme von Unterkunftskosten, wenn unter 25 Jähriger (erstmalig) aus BG auszieht, §§ 20 Abs.3, 22 Abs.5 ff. SGB II)

1. Gilt das Umzugsverbot tatsächlich für alle unter 25 jährigen?

Streitig ist teilweise noch, welche Umzüge "verboten" sind, insbesondere, ob es sich nur um **Erstumzüge** handelt oder auch um **Folgeumzüge** nach einem genehmigten Erstauszug (dort sollen grds. nur die §§ 22 Abs. 4 und Abs. 6 SGB II gelten). Ein Rückzugsgebot ist meines Erachtens nach nicht aus dem Gesetz zu entnehmen, wird aber von den Gerichten leider noch oft angenommen.

2. Ist Umzug ausnahmsweise doch zulässig?

Liegt ein an sich **nicht** zu genehmigender Auszug vor, kann der Auszug dennoch in Betracht kommen, wenn mindestens eine der folgenden Voraussetzungen erfüllt ist: (Nachweise nötig)

Schwer wiegende soziale Gründe machen Zusammenwohnen mit Eltern unmöglich	Die neue Unterkunft ist zur Eingliederung in den Arbeitsmarkt oder zur Aufnahme einer Ausbildung erforderlich	Ein sonstiger schwer wiegender Grund macht Umzug erforderlich
- schwer wiegende soziale Gründe können aus Sicht der Eltern oder des Jugendlichen vorliegen - übereinstimmende Erkenntnis, dass Zerwürfnis vorliegt, sollte ausreichend sein - Suchterkrankung, Straffälligkeit, schwere Beleidigungen, massive Streitigkeiten - nicht allein bei Lärmbelästigung durch Geschwister, engem Raum (streitig)	-wenn Arbeits- Ausbildungsstelle nicht vom Elternhaus in zumutbarer Zeit erreichbar ist (Fahrtzeit von höchstens 2 Stunden zumutbar) - auch längeres unbezahltes ernsthaftes Praktikum oder Bildungsmaßnahme soll darunter fallen (streitig)	- z.B. Umzug in Nähe eines nahen Angehörigen - Rückzug in gewohntes Umfeld

3. Rechtsfolgen eines "nicht erlaubten Umzug":

Absenkung der Regelleistung, § 20 Abs. 3 SGB II	Keine Erstausstattung, § 24 Abs. 6 SGB II	Keine Unterkunfts-kosten
Man erhält bis zum 25. Geburtstag nur 80 % der Regelleistung, was im Übrigen auch Auswirkung auf Mehrbedarfe haben kann, da diese sich an der Regelleistung orientieren. Dies soll <u>nur für alleinstehende Volljährige</u> gelten.	Der SGB II Träger hat hier kein Ermessen, wenn der Umzug der Zusicherung bedurft hätte.	Diese Kosten werden dann bis zum 25. Geburtstag nicht mehr übernommen. Man sollte dann **Wohngeld** beantragen, wozu aber eine gewisse "Mindesteinnahme" Voraussetzung ist. Die gekürzte Regelleistung reicht dazu nicht.

Weiterhin gibt es keinen Mietzuschuss nach § 27 Abs. 3 S.2 SGB II.

Entsteht nachträglich ein „Auszugsgrund" (aus alter Wohnung), so soll ein Festhalten an der Herabsetzung der Regelleistung oder dem Nichtzahlen der Unterkunftskosten ab diesem Zeitpunkt nicht mehr sachgerecht sein (str.!).

Ganz wichtig: Unterkunfts-Heizkosten werden bei unter 25jährigen nur übernommen, wenn eine Zusicherung des Jobcenters zum Umzug **VOR** Unterschreiben des Mietvertrags **tatsächlich erfolgt ist** (es sei denn, es war unzumutbar, die Zusicherung einzuholen). **Ohne Zusicherung werden ansonsten auch keine angemessenen Kosten übernommen.**

3. Kapitel: Die Gemeinschaften im SGB II

Im SGB II wird zwischen drei Gemeinschaften unterschieden:

Die Bedarfsgemeinschaft	Die Haushaltsgemeinschaft	Die Wohngemeinschaft

Die Bedarfsgemeinschaft (§ 7 Abs. 3 SGB II)

Eine Bedarfsgemeinschaft kann in mehreren Fallkonstellationen auftreten (siehe Schema unten). Liegt eine BG (= Bedarfsgemeinschaft) vor, so kürzt sich bei Partnern die Regelleistung auf jeweils 90 % und Einkommen wird innerhalb der Bedarfsgemeinschaft untereinander prozentual verteilt bzw. angerechnet. Eine BG kann nur vorliegen, wenn mindestens eine erwerbsfähige, hilfebedürftige Person in der BG lebt.

Unterfall: eheähnliche Gemeinschaft (Einstandsgemeinschaft)

Definition:
Sie liegt immer dann vor, wenn der gemeinsame Wille vorhanden ist, mit dem vorhandenem Einkommen und Vermögen zunächst den gemeinsamen Lebensunterhalt sicherzustellen, bevor eigene Bedürfnisse befriedigt werden; zusätzlich muss die Gemeinschaft von verlässlichem Bestand und auf längere Dauer angelegt sein ("verfestigte Beziehung"). Es muss eine Haushalts- und Wirtschaftsgemeinschaft bestehen, die von einem gegenseitigen Einstehen in Notlagen geprägt ist.

Allein eine sexuelle Beziehung sagt darüber nichts aus, denn auch umgekehrt setzt die Einstandsgemeinschaft nicht notwendigerweise eine Intimbeziehung voraus! Gleichgeschlechtliche Paare können auch eine "lebenspartnerschafts-ähnliche BG" bilden, wenn die Partner nach dem Erscheinungsbild der Beziehung in der Öffentlichkeit deutlich gemacht haben, auf Dauer in einer verfestigten Einstandsgemeinschaft zu leben.
Ob eine Einstandsgemeinschaft vorliegt, ist stets anhand von **Indizien** zu prüfen:

Dafür sprechen u.a.:	Dagegen sprechen u.a.:
-mietfreies Wohnenlassen	-ernst gemeinter Untermietvertrag
-gegenseitige Kontovollmacht	
-Übernahme von Schulden für Partner	-getrennte Wohnungen (aber: auch bei getrennten Wohnungen kann EG/ BG vorliegen!)
-mehrere gemeinsame Wohnungswechsel	
-gemeinsame wirtschaftliche Anschaffungen	-geringe wirtschaftliche Leistungsfähigkeit der Partner
-gemeinsame Schlafzimmernutzung	-Beziehung zu dritten Partnern
-Freizeit und Urlaube werden gemeinsam verbracht	-Miete und sonstige Aufwendungen werden getrennt bezahlt
-Begünstigung in Versicherung Nutzungsbefugnisse über Vermögensgegenstände des anderen	

Das Vorliegen der Einstandsgemeinschaft (EG) wird vermutet (§ 7 Abs. 3a SGB II), wenn

- **man (als Partner!) länger als 1 Jahr zusammenlebt (und gemeinsam wirtschaftet)** *oder*

- **mit einem gemeinsamen Kind zusammenlebt** *oder*

- **Kinder oder Angehörige im Haushalt (gemeinsam) versorgt**
  oder

- **man (wechselseitig) befugt ist, über Einkommen und Vermögen des anderen zu verfügen**

Die in Klammern eingefügten Worte/ Voraussetzungen stehen so nicht im Gesetz, dürften/ müssten aber im Wege der verfassungs-konformen Auslegung herangezogen werden. Liegt auch nur eine dieser Voraussetzungen vor, wird das Vorliegen einer EG vermutet, kann aber vom Hilfebedürftigen widerlegt werden. Liegt keines dieser Kriterien vor, muss der SGB II Träger beweisen, dass eine EG vorliegt.

 **Der TIPP der Kanzlei Löwenrecht:**

Der SGB II Träger handelt oftmals vorschnell, nimmt mit Zusammenzug sofort eine BG/ EG an. Es kann zwar sein, dass diese bereits ab Zusammenzug vorliegt, aber dies muss der SGB II Träger – solange keine Ausnahme nach § 7 Abs. 3a SGB II vorliegt- nachweisen. Also: Widerspruch einlegen!

In der Praxis werden oft Hausbesuche durchgeführt, um zu sehen, wie die „Partner" leben/ wohnen: lebt man in getrennten Zimmern, so soll dies darauf hindeuten, dass man keine EG bildet; lebt man auf engerem Raum zusammen, soll meist eine EG vorliegen.

Besonderheiten und Fehlerquellen bei der Einstandsgemeinschaft

Der SGB II Träger ist allgemein befugt, bei verweigerter **Mitwirkung** des Hilfebedürftigen zur Aufklärung des Sachverhalts die Leistungen gemäß **§§ 60 ff. SGB I** einzustellen oder zu entziehen. Dabei muss er allerdings **Ermessen** ausüben, was oftmals vergessen wird.
Weitere Voraussetzung einer Entziehung ist, dass der Betroffene zur Mitwirkung **verpflichtet** sein muss, eine **Belehrung** über die Folgen fehlender Mitwirkung erhalten hat (*Achtung. Hier ist der SGB II Träger nachweispflichtig!!*) sowie eine **Fristsetzung** zur Mitwirkung erfolgt ist, vgl. **§ 66 SGB I**.

<u>Sehr häufige Fehlerquelle:</u> Werden die Leistungen deshalb versagt/ entzogen, weil man Unterlagen **des "Partners"** nicht vorgelegt hat, so ist dies rechtswidrig, wenn das Vorliegen einer EG bestritten wird. Denn der Hilfeempfänger hat keine rechtliche Möglichkeit, diese Unterlagen zu erhalten, wenn sein "Partner" ihm diese nicht gibt.
Der SGB II - Träger muss dann das Vorliegen einer EG feststellen, um dann über **§ 60 Abs.4 Nr.1 SGB II** die Auskünfte direkt vom Partner selbst zu holen. Dabei sind für den Partner aber die **§§ 62, 63 SGB II** zu beachten, die zu **Schadensersatz** oder **Bußgeld** führen können!

Die Gemeinschaften im SGB II : Schema: wann liegt eine Bedarfsgemeinschaft vor?

Nicht dauernd getrennt lebender Ehegatte / Lebenspartner	"Umgangsbedarfsgemeinschaft"	Über Kind begründete Bedarfsgemeinschaft
man kann auch innerhalb einer Wohnung getrennt leben, wenn getrennte Räume benutzt und getrennt gewirtschaftet wird; nur vorübergehende Trennung (z.B. Ausland, Haft) hebt die BG nicht auf (man wird dann aber als **"allein-stehend"** behandelt = 100 % Regelleistung)) Man lebt erst dauernd getrennt, wenn der **Wille** zur gemeinsamen Wirtschafts- und Lebensführung aufgegeben wurde; Maßstab ist das Familienrecht; <u>trotz räumlicher Trennung kann also eine BG vorliegen</u>	Für die Dauer des Aufenthalts eines Kindes beim umgangsberechtigten Elternteil entsteht tageweise BG; Kind erhält ALG II / Sozialgeld anteilig (Regelleistung vom Kind : 30 * Aufenthaltstage) Vgl. BSG 07.11.06 B 7b AS 14/06 R Aufenthalt muss aber mindestens **12 Stunden** andauern (BSG 02.07.09, B 14 AS 75/08 R) Unzulässig ist es, dass Sozialgeld / ALG II in „Haupt-BG" dann zu kürzen, da Pauschalleistung!	1. Nicht erwerbsfähige Eltern / nicht erwerbsfähiger Partner 2. Leben mit einem erwerbsfähigen unverheiratetem Kind 3. in einem Haushalt (endet also, wenn Kind heiratet, 25 Jahre alt wird, ein eigenes Kind hat oder mit seinem Partner zusammenzieht)

Erwerbsfähige hilfebedürftige Person, die nicht von Leistungen nach dem SGB II komplett ausgeschlossen ist als BINDEGLIED (diese bildet den "Grundstein" der BG und kann auch eine "Ein-Personen- BG" bilden)

Teil 2: wann liegt eine Bedarfsgemeinschaft vor?

Unverheiratete leibliche Kinder unter 25 Jahren gehören zur BG, wenn	Unverheiratete Stief-Partnerkinder unter 25 Jahren, wenn leiblicher Elternteil mit im Haus wohnt (vgl. § 9 Abs.2 SGB II)	Einstandsgemeinschaft (EG) "eheähnliche Gemeinschaft" (siehe vorige Seiten)	BG auch bei Leistungsausschluss?
1. Lebensunterhalt nicht aus eigenen Mitteln (z.B.Kindergeld, Unterhalt, Wohngeld) sichergestellt werden kann (sonst gehören sie **nicht zur BG!**)	Der Einstandswille des Partners für Stiefkind muss aber auch hier gesondert geprüft werden (vgl. LSG Baden-Württemberg 19.04.07, L3 AS 1740/07 ER-B)		Ja, aber **keine Begründung** einer BG, wenn man von Leistungen **komplett** ausgeschlossen ist

Bsp: Vater und 13 jähriges Kind erhalten ALG II Leistungen; Vater wird stationär untergebracht, dann erhält das Kind nur noch Sozialhilfe |
| 2. Sie zum Haushalt der erwerbsfähigen, hilfebedürftigen Person gehören, also zusammen wohnen und gemeinsam mit den Eltern wirtschaften (muss ARGE bei Volljährigen beweisen) | z.b. prüfen, ob der Stiefvater massiv verschuldet ist, ob er eigene Unterhaltsansprüche erfüllen muss (z.B. gegenüber leiblichen Kindern) oder zu prüfen, welche Unterhaltsansprüche das Kind gegenüber dem leiblichen Vater hat | | Bei nur **teilweise** von Leistungen ausge-schlossenen (z.B. Studenten/ Auszubildenden)kann aber BG – z.B. mit Kind unter 15 Jahren - entstehen.

Aber: Personen, die von Leistungen ausgeschlossen sind, bilden trotzdem mit erwerbsfähigen, hilfebedürftigen Personen eine BG, sind also Mitglied der BG, können aber nicht selbst eine BG „gründen". |
| 3. Führt Volljähriger eigene Wirtschaft, kann man ihn nicht zur Aufgabe zwingen; er gehört dann nicht zur BG der Eltern. | | | |
| 4. Mit Heirat, 25 Geburtstag, eigenem Kind oder Aufnahme des Partners wird aus BG mit den Eltern eine Haushaltsgemeinschaft oder WG | | | |

BSG Urteil vom 12.6..2013, B 14 AS 50/12 R
Hält sich ein Kind umgangsbedingt wechselnd in zwei Bedarfsgemeinschaften auf, die nicht personenidentisch sind, bestehen zwei Ansprüche auf Leistungen für Regelbedarfe, die unterschiedlich hoch sein können und sich in zeitlicher Hinsicht ausschließen.

Die Haushaltsgemeinschaft

Eine Haushaltsgemeinschaft liegt vor, wenn
a) **keine BG** vorliegt

b) mindestens ein Hilfebedürftiger in einem **gemeinsamen Haushalt (gemeinsames Wirtschaften)**

c) mit **Verwandten oder Verschwägerten** lebt

Rechtsfolge: Nach § 9 Abs. 5 SGB II wird eine finanzielle Unterstützung vermutet; diese kann natürlich widerlegt werden.

Der SGB II Träger muss aber zunächst nachweisen, dass ein gemeinsames Wirtschaften erfolgt, ein gemeinsames Einkaufen oder eine gemeinsame Raumnutzung begründet allein noch kein gemeinsames Wirtschaften (BSG vom 27.01.09- B 14 AS 06/08 R).
Zudem müssen die Verwandten oder Verschwägerten über ein Einkommen/ Vermögen oberhalb der Freibeträge nach § 1 Abs. 2 ALG II VO verfügen.

Die Wohngemeinschaft

Die Wohngemeinschaft liegt immer dann vor, wenn keine Bedarfsgemeinschaft und keine Haushaltsgemeinschaft bestehen.

Jede hilfebedürftige Person in einer Wohngemeinschaft bildet eine eigene BG.

Anwaltskanzlei Borlinghaus
Eva Borlinghaus
Rechtsanwältin und Mediatorin

Voerder Straße 135   46535 Dinslaken
Fon: 0 20 64 - 477 117 3   Fax: 0 20 64 - 477 117 6
mail@ra-borlinghaus.de
www.ra-borlinghaus.de

4. Kapitel: Einkommen und Vermögen

1. Das Einkommen, §§ 11 ff. SGB II

Die Anrechnung von Einkommen
Einkommen ist jeglicher Geldzufluss oder auch Zufluss von geldwerten Gegenständen während des Zeitraums, in dem man ALG II Leistungen bezieht.

Beispiele für Einkommen: Kindergeld, Unterhalt, Wohngeld, Zinsen aus Kapitalvermögen, Arbeitslohn, Gewinn aus selbständiger Tätigkeit, ALG I, Lohnersatzleistungen, Abfindungen, Einkommenssteuererstattung, Trinkgelder, Glücksspielgewinne, etc.

Entscheidend ist stets, **wann** das Geld zufließt (in dem Monat wird es dann angerechnet), **nicht wofür**, so dass eine Steuererstattung oder eine Abfindung, die grundsätzlich hätte schon vor dem Bezug von ALG II Leistungen ausgezahlt werden müssen, dann in dem Monat angerechnet wird, in dem sie auf das Konto des Leistungsberechtigten gelangt.

Es darf auch nur Geld als Einkommen angerechnet werden, wenn es tatsächlich zur Verfügung steht. Ein etwaiger Anspruch reicht nicht aus. Ist also das beantragte Wohngeld oder ein eingeklagter Unterhalt noch nicht zugeflossen, so sind zunächst ALG II Leistungen zu bewilligen. Es ist unzulässig, hier Leistungen nach dem SGB II (ALG II) mit dem Hinweis auf die Beantragung anderer Leistungen abzulehnen. Die Behörde hat nach § 5 Abs.3 SGB II selbst ein Antragsrecht und kann daher Anträge bei anderen Behörden etc für den Leistungsempfänger stellen.

Eine Leistungseinstellung im Hinblick auf das Unterlassen des Stellens eines Antrags, den der SGB Träger selbst stellen kann, ist daher rechtswidrig! Leistungen nach dem SGB II können also <u>nicht</u> mit der Begründung versagt werden, dass man ja zunächst Wohngeld/ Unterhalt etc. zu beantragen hat.

Auch **Unterhaltsansprüche** sind nach § 33 SGB II auf das Jobcenter übergegangen, so dass es – bis zur Höhe der zu erbringenden ALG II Leistungen allein Aufgabe des Jobcenters ist, Unterhalt für Leistungsempfänger geltend zu machen/ durchzusetzen!

Achtung: Leistungen, die aufgrund einer <u>öffentlich- rechtlichen Vorschrift</u> zu einem ausdrücklich genannten Zweck erbracht werden, sind kein Einkommen; wenn sie nicht demselben Zweck wie Leistungen nach dem SGB II dienen, § 11 a Abs. 3 S.1 SGB II. Das bedeutet, dass grundsätzlich zweckgebundene Zahlungen anderer Personen als Einkommen anzurechnen sind (eventuell bilden sich in der Rechtsprechung noch Ausnahmen heraus).

Achtung: Privatrechtliche <u>Zuwendungen Dritter</u> (z.B. Geschenke der Oma) sind nur dann nicht als Einkommen zu berücksichtigen, wenn für die Zuwendung <u>keine rechtliche/ sittliche Pflicht</u> bestand und ihre Berücksichtigung als Einkommen <u>grob unbillig</u> wäre ODER sie die Lage des Leistungsberechtigten <u>nicht so günstig beeinflusst</u>, dass Leistungen nach dem SGB II daneben nicht gerechtfertigt wären, § 11 a Abs.5 SGB II.

 **Der TIPP der Kanzlei Löwenrecht:**

Wenn sich der Hilfebedürftige Geld leihen muss, also ein Darlehen aufnimmt, so sollte er darauf achten, dass er mit dem Darlehensgeber einen **schriftlichen** Darlehensvertrag schließt, der auch eine **Rückzahlverpflichtung** enthält (z.B. monatlich werden 10 Euro zurückgezahlt) und dass dann auch monatlich tatsächlich die vereinbarte Rate **zurückgezahlt wird**.
Ansonsten zweifeln Gerichte und Jobcenter gerne die „Ernsthaftigkeit" eines Darlehensvertrages an und sehen eine Schenkung darin, so dass das Darlehen die ALG II Leistungen dann mindert!

Im SGB II wird ansonsten zwischen drei Einkommensarten unterschieden, für die es jeweils unterschiedliche Freibeträge gibt:

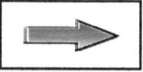 Einkommen aus abhängiger Beschäftigung

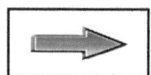 Einkommen aus selbständiger Tätigkeit

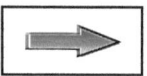 Sonstiges Einkommen (z.B. aus Kindergeld, Erbschaft, Unterhalt,..)

 Eine **Erbschaft** ist, wenn der Erblasser während des ALG II Bezugs des Hilfebedürftigen verstirbt, Einkommen (sonst Vermögen). Nach dem Urteil des BSG vom 25.01.12 (B14 AS 101/11 R) kann das Erbe aber erst dann auf die ALG II Leistungen als einmalige Einnahme angerechnet werden, wenn es für den Hilfeempfänger verfügbar ist/ sein kann. Da eine Erbschaft als Einnahme eine einmalige Einnahme ist (zumindest wenn sie hoch genug ist, um den ALG II Anspruch für mehr als einen Monat zu decken), wird sie zunächst – wenn verfügbar- auf 6 Monate verteilt und danach als Vermögen angesehen.

Sebastian Lingens
Rechtsanwalt
Fachanwalt für Sozialrecht

Telefon: 030 / 609 876 580
Fax: 030 / 609 876 589

Badensche Straße 33
10715 Berlin

www.RA-Lingens.de
Kontakt@RA-Lingens.de

1. Berechnung des Freibetrags bei Einkommen aus abhängiger Beschäftigung

Vom **Brutto**einkommen sind abzusetzen, § 11 b SGB II:

1. die Steuern

2. Sozialversicherungsbeiträge

---
3. gleichwertige Vorsorgeaufwendungen, wenn <u>keine</u> Sozialversicherungspflicht besteht

4. sonstige angemessene Versicherungsbeiträge /Beiträge zu ähnlichen Einrichtungen

    a) Pflichtversicherungen vorgeschrieben sind(z.b. Kfz Haftpflicht, Haftpflicht bei bestimmten Berufsgruppen)

    b) sonstige (angemessene) <u>Versicherungen</u> (konkret oder **30 Euro Pauschale**): Absetzbar <u>zusätzlich</u> Beiträge zu anderen Versicherungen, wenn nach Grund und Höhe angemessen, **§ 6 Abs. 1 Nr. 1 ALG II- VO**: bei Volljährigen unabhängig vom Bestehen einer Versicherung 30,00 Euro, bei Minderjährigen nur, wenn Versicherung tatsächlich besteht **§ 6 Abs. 1 Nr. 2 ALG II- VO** (-ggfs. noch –wg Entfallen der Rentenversicherungspflicht- zusätzlich Beiträge zur priv. Altervorsorge; ähnl.Einrichtung)

5. Riesterrentenbeiträge (nicht Rürup) und betriebliche Altersvorsorgemodelle

6. "Werbungskosten" (konkret oder Pauschale, siehe unten)

---
7. nicht zur Verfügung stehende Einkommensbestandteile, wie z.B. titulierter Unterhalt (ja, es muss ein Titel dazu vorliegen!), teilweise Pfändungen und teilweise (aber selten) werden auch die Zahlung einer Geldstrafe oder Schulden anerkannt (grundsätzlich werden Schulden aber <u>nicht</u> berücksichtigt)

8. Erwerbstätigenfreibeträge (siehe unten, 2 Stufen), § 11b Abs. 3 SGB II

Für die Nummern 3-6 werden gemäß § 11b Abs. 2 SGB II 100 Euro pauschal in Abzug vom Einkommen gebracht (= **Grundfreibetrag**) , es sei denn, dass zusätzliches Nichterwerbseinkommen (z.B. ALG I) oder höheres Erwerbseinkommen vorliegt und dabei die Einnahmen dann über 400 Euro liegen, vgl. § 11b Abs. 2 SGB II. Dann kann man – muss man aber nicht- seine Aufwendungen <u>konkret</u> in Abzug bringen bzw. dann ist es möglich, die Aufwendungen, die über die 100 Euro hinausgehen, vom Nichterwerbseinkommen (oder dem über 400 Euro liegenden Erwerbseinkommen) in Abzug zu bringen.

Bsp.: Aufwendungen: 50 Euro Fahrtkosten, 15,33 Euro Werbungskostenpauschale, 30 Euro Pauschale für sonstige Versicherungen, 40 Euro Kfz- Haftpflichtversicherung, insgesamt also **135,33 Euro.**

a) wenn nur Erwerbseinkommen bis zu 400 Euro vorliegt, dann bleibt es bei der 100 Euro Pauschale, die 35,33 Euro können nicht abgesetzt werden

b) wenn Erwerbseinkommen bis zu 400 Euro vorliegt, aber zusätzlich Nichterwerbseinkommen, so können die 35,33 Euro auf dieses Nichterwerbseinkommen angerechnet werden

c) ist das Erwerbseinkommen höher als 400 Euro, so können die Aufwendungen in Höhe von 135,33 Euro (statt der 100 Euro Pauschale) abgesetzt werden

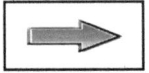 Bei **Tätigkeiten, die nach § 3 Nr. 12, 26, 26a oder 26b des EStG steuerfrei** sind, gilt als **Grundfreibetrag 200 Euro statt 100 Euro**, vgl. § 11 b Abs. 2 SGB II. Darüber hinaus gehende Ausgaben können konkret abgesetzt werden (statt der 400 Euro Grenze!). Daher sind Übungsleiterpauschalen und Aufwandsentschädigungen zunächst Einkommen.
(vgl. dazu jetzt aber **BSG Urteil vom 28.10.2014, B 14 AS 61/13 R**: dort wird der „höhere" Freibetrag von 200 Euro auf die 100 Euro Grundfreibetrag plus die Gelder aus der steuerfreien Tätigkeit begrenzt).

Werbungskosten: nicht identisch mit steuerrechtlichem Begriff; es reicht, wenn der **Zweck der Ausgabe in Beziehung zur Einkommenserzielung** steht

Man kann einen Einzelnachweis erbringen oder auch hier Pauschalen bilden (vgl. § 6 Abs. 1 Nr. 3 ALG II- VO); die Pauschalen:

- 15,33 Euro Werbungskostenpauschale (ohne Anfahrtskosten) <u>und zusätzlich</u>

- 0,20 Cent pro <u>einfachem</u> Entfernungskilometer zur Arbeit, kürzeste Wegstrecke **oder** günstigste Monatskarte bei öffentlichen Verkehrsmitteln

Eventuell u.a. weiterhin <u>daneben</u> absetzbar (Beispiele, nicht abschließend):

- Kosten der Kinderbetreuung, wenn notwendig zur Einkommenserzielung

- wenn auf Auto angewiesen, dann wohl auch Kfz Finanzierungskosten, TÜV Gebühren, Reparaturkosten, Wartungskosten (zumindest anteilig)

- Gewerkschaftsbeitrag

Die Erwerbstätigenfreibeträge (Punkt 8) (also <u>zusätzlich</u> zur 100 Euro Pauschale bzw. den konkreten Aufwendungen):

1. Freibetrag:
Von dem Betrag, der zwischen **100 Euro und 1000 Euro** liegt, werden **20 %** errechnet.
Bsp. Verdienst = 670 Euro; 20 % von 570 Euro sind 114 Euro
Bei einem 400 Euro Job hat man also die 100 Euro frei

(Grundfreibetrag) und dann noch mal weitere 60 Euro frei (20 % von 300 Euro), insgesamt also 160 Euro Freibetrag.

2. Freibetrag: (nur relevant, wenn man mehr als 1000 Euro verdient)
Von dem Betrag, der zwischen **1000 Euro und 1200 Euro** liegt, werden **10 %** errechnet. Wenn minderjährige Kinder vorhanden sind, werden sie 10 % von dem Verdienst zwischen 1000 und 1500 Euro errechnet.

Bsp. Verdienst = 1150 Euro; 100 Euro Grundfreibetrag; 20 % von 900 Euro sind 180 Euro;
10 % von 150 Euro sind 15 Euro; **Gesamtfreibetrag: 295 Euro.**

2. Einkommen Selbständiger / aus Land – und Forstwirtschaft

In **§ 3 ALG II - VO** ist die Anrechnung von Einkommen Selbständiger geregelt.

Damit erfolgt keine Bindung mehr an das Steuerrecht, die SGB II Träger haben sozusagen eine "eigene Prüfungskompetenz" (als allwissende Behörde). Grundsätzlich werden die Betriebseinnahmen und die Betriebsausgaben, die notwendig und angemessen sind, ermittelt. Dann wird aus der Differenz der **Gewinn** ermittelt. Der Selbstständige muss **besondere Formulare** ausfüllen (EKS- Formular mit Anlagebögen).

1. Bildung des Bruttoeinkommens

- Differenzbetrag zwischen Betriebseinnahmen und Ausgaben

Betriebseinnahmen (alle Einnahmen in Geld oder Geldeswert, die durch den Betreib veranlasst sind und dann im Bewilligungsabschnitt angesetzt werden) sind u.a..

Honorare, Provisionen, Erlöse aus zur Firma gehörenden Gegenständen, erstattete und vereinnahmte Umsatzsteuer, Zinseinnahmen, Privatanteile für die außerbetriebliche Nutzung eines gewerblichen Kfzs (vgl. § 3 Abs. 7 ALG II-VO) / Betriebsvermögen (Tipp: Fahrtenbuch führen), Telefon,..

Betriebsausgaben sind nach § 3 Abs. 2 ALG II- VO Aufwendungen, die durch den Betrieb veranlasst sind und im Bewilligungsabschnitt abfließen.

U.a. abgeführte Umsatzsteuer, selbst gezahlte Vorsteuer, Miete, Personalkosten, häusliches Arbeitszimmer (aber Achtung: möglichst kein "Mischraum", sondern separater Raum), Fachzeitungen/ Bücher, Werbungskosten (hierzu zählen nach herrschender Meinung auch Abschreibungen), Investitionen (und deren Schuldentilgung, Z.B. von Darlehen), Berufskleidung, **Pkw - Kosten (vgl. dazu § 3 Abs. 7 ALG II-VO)**,..

Achtung: Abzusetzen sind Betriebsausgaben nur, wenn sie bei wirtschaftlich sparsamer Betriebsführung geboten sind.

Ob und wann Betriebsausgaben tatsächlich anerkannt werden, ist nicht abschließend geklärt. Dies ist alles sehr undurchsichtig.

 **Der TIPP der Kanzlei Löwenrecht:**

Bei der Selbsteinschätzung des Einkommens nicht zu hohe Angaben machen; zur Not muss der SGB II Träger Gelder zurückfordern; gegen die dann folgende Erstattungsforderung ist aber ein Widerspruch möglich, der aufschiebende Wirkung hat; im Übrigen kann die Nachzahlung in Raten beglichen werden.

Problem: Anrechnungszeitraum, Verteilung des Einkommens

Gemäß **§ 3 Abs. 3 S. 6 ALG II VO** wird das Einkommen, welches im Bewilligungsabschnitt erzielt wird, auf die Monate des Bewilligungszeitraums verteilt, also meist über **6 Monate**. Also auch wenn nur in einem der Monate Gewinn erzielt wird, so wird dieser auf alle Monate verteilt.
Nach **§ 3 Abs. 5 ALG II VO** kann aber der "Bemessungszeitraum" auf **ein Jahr** ausgedehnt werden. Darauf muss Hilfebedürftiger zuvor hingewiesen worden sein. Hintergrund ist, dass selbständige mit "Hochphasen" und "Tiefphasen" ihr Einkommen gerecht verteilen können.
So entgeht man der Gefahr, dass nach guten gewinnbringendem ½ Jahr (Hochphase) der vorhandene "Gewinn" in dem darauffolgendem ½ Jahr als Vermögen angerechnet wird und damit dem Unternehmen nicht zur Verfügung steht.

2. Bereinigung des Einkommens

Der Gewinn ist ähnlich wie Einkommen aus abhängiger Beschäftigung weiter zu bereinigen:

1. Steuern und Sozialversicherungsbeiträge (Pflichtbeiträge)
2. Vorsorgebeiträge nicht Sozialversicherungspflichtiger (oder Pauschale)
3. Versicherungsbeiträge und Riesterrente (oder Pauschale)
4. Nicht zur Verfügung stehende Einkommensbestandteile
4. 100 Euro Pauschale statt konkreter Aufwendungen nach 2.und 3., wenn Gewinn bis 400 Euro
5. Freibetrag nach § 11b Abs. 3 II

Aber: die **Werbungskosten** sind bei Selbständigen nicht- auch nicht als Pauschale- abzuziehen, da diese bereits den Gewinn mindern.

Nach **§ 3 Abs. 6 ALG II VO** kann der SGB II Träger bei fehlender Mitwirkung des Selbständigen dessen Einkommen zur endgültigen Festsetzung schätzen.

> **3. Anrechnung sonstigen Einkommens (Vermietung (kann aber auch selbständiges Einkommen sein, str.), Zinsen, ALG I, Krankengeld, Unterhalt, Kindergeld,.. = Nichterwerbseinkommen**

Auch hier ist zunächst vom Bruttobetrag auszugehen.

<u>Aber:</u> es gibt bei diesen Einkommen **nur die 30 Euro Pauschale** für Versicherungen (Achtung: § 6 Abs. 1 Nr.1 und Nr.2 ALG II VO beachten wegen der 30,00 Euro bei Volljährigen/ Minderjährigen), wenn daneben kein Erwerbseinkommen erzielt wird sowie die Absetzung von Pflichtversicherungen. Aber: Konkrete Aufwendungen (also z.B. auch Kfz- Kosten) kann man **zusätzlich** absetzen, die im Zusammenhang mit **diesem** Einkommen stehen (Bsp.: Pfand-Flaschensammeln: Kosten für Fahrrad, für das Auswaschen,etc.) .

ARNE BÖTHLING
Rechtsanwalt

Körnerstraße 9
38102 Braunschweig

Tel. 05 31 680 31 34
Fax 05 31 680 31 37

anwaltboethling@loewenrecht.de · www.löwenrecht.de

Wie wird Einkommen angerechnet?

Dabei wird zwischen regelmäßig zufließendem Einkommen und einmaligem Einkommen unterschieden.

Laufendes Einkommen = regelmäßig anfallendes EK mit Abstand von bis zu einem Monat	Einmaliges / gelegentliches Einkommen z.B. Urlaubsgeld, Weihnachtsgeld, Steuerrückerstattung,..)
§ 11 Abs.2 SGB II - wird in dem Monat angerechnet, in dem es tatsächlich zufließt; es ist egal, wofür das Geld ist - fließt also z.B. in einem Monat Gehalt für zwei verschiedene Monate zu, so ist dieses dann komplett in dem Monat anzurechnen - Fließen diese Einnahmen in größeren als monatlichen Abständen zu, werden sie wie einmalige Einnahmen behandelt.	§ 11 Abs. 3 SGB II: werden zunächst in dem Monat, in dem sie zufließen, berücksichtigt. Sind bereits für den Monat Leistungen erbracht worden (ohne Anrechnung), werden sie im Folgemonat berücksichtigt. Ist die einmalige Einnahme so hoch, dass kein Leistungsanspruch mehr bestünde in dem Monat, so ist sie auf **6 Monate** gleichmäßig aufzuteilen (in Teilbeträgen). Die einmalige Einnahme ist bei Verteilung auf mehrere Monate **vorweg** um Steuern, Pflichtbeiträge zur Sozialversicherung/ Beiträge Arbeitsförderung, die mit der Erzielung des Einkommens verbundenen notwendigen Ausgaben und den Freibetrag nach § 11 Abs. 3 SGB II zu bereinigen, § 11 b Abs. 1 S.2 SGB II. Verbleibt dann noch Einkommen übrig nach den 6 Monaten, so wird daraus Vermögen (teilweise streitig).

Achtung: eine **fiktive Verbrauchsberechnung ist bei Einmaleinkommen** grundsätzlich nicht zu akzeptieren. Wenn man das Geld für wirtschaftlich sinnvolle Ausgaben ausgibt, kann Geld schnell aufgebraucht sein, dann muss Anrechnungszeitraum gekürzt werden (str.!). Da aber eine fiktive Einkommensanrechnung unzulässig ist (vgl. BSG vom 02.07.09, B 14 AS 75/08 R) muss nach Verbrauch der Einnahme, auch bei unsinnigem Verbrauch, das ALG II – zumindest als Darlehen - bewilligt werden (str.).

Kurios: wenn jemand **Krankengeld** erhält, welches weniger ist als der „normale" Lohn, so kann es passieren, dass dann auch die Leistungen nach dem SGB II sinken. Hintergrund ist, dass beim Krankengeld nur ein Freibetrag in Höhe von 30 Euro gewährt wird (da „sonstiges Einkommen"), beim Lohn dagegen 100 Euro plus 20 % als Freibetrag.

Sehr wichtiges Urteil:

BSG Urteil vom 17.7.2014, B 14 AS 25/13 R
Fließt einem Leistungsberechtigten mit nur einem Beschäftigungsverhältnis innerhalb eines Monats in mehreren Monaten erarbeitetes Arbeitsentgelt zu, so ist auch das weitere Einkommen um den Grundfreibetrag nach § 11 Abs 2 Satz 2 SGB II aF für jeden dieser Monate gesondert zu bereinigen. (Anmerkung des Autors: hier wird das Zuflussprinzip etwas modifiziert: es gibt den Freibetrag also mehrfach in einem Monat!)

BSG Urteil vom 29.11.12, B 14 AS 161/11 R
Eine fiktive Einnahme ist nicht geeignet, den tatsächlichen Bedarf zu decken.

BSG Urteil vom 29.11.12, B 14 AS 33/12 R
Steht eine einmalige Einnahme tatsächlich nicht (mehr) zur Verfügung, hat die Behörde Leistungen zu gewähren. Die Behörde kann gegebenenfalls nach § 34 SGB II vorgehen.

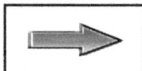 **Sonderfall zum Einkommen: die Anrechnung von Kindergeld**

Kindergeld ist in einer BG Einkommen des Kindes, **soweit es das Kind zur Sicherung seines Lebensunterhalts benötigt.**

Alles darüber hinausgehende Kindergeld (und nur dieses, nicht sonstiges Geld/ Einkommen des Kindes!) ist bei dem kindergeldbezugsberechtigten Elternteil in der BG anzurechnen (und gegebenenfalls um 30,00 Euro zu bereinigen, falls dieser kein weiteres Einkommen hat). Das Kind zählt dann, wenn es seinen Lebensunterhalt durch Einkommen wie Unterhalt, Wohngeld, Kindergeld etc. selbst decken kann, nach **§ 7 Abs. 3 Nr. 4 SGB II** nicht mehr zur BG.

Nicht angerechnet wird das Kindergeld auf die Bedarfe nach § 28 SGB II (Leistungen der Bildung und Teilhabe)!

Das Kindergeld beträgt seit 2010 monatlich für das erste und zweite Kind jeweils 184 Euro, für das dritte Kind 190 Euro und für das vierte und jedes weitere Kind 215 Euro.

Kindergeld wird bei dem Elternteil angerechnet, der als bezugsberechtigt gilt.

Bereinigung des Kindergeldes:

Bei Volljährigen Kindern wird es um 30,00 Euro Versicherungspauschale bereinigt, § 6 abs. 1 Nr.1 ALG II VO, soweit kein anderes (Erwerbs-)Einkommen erzielt wird. Das Kind muss noch nicht einmal über eine eigene Versicherung verfügen.

Bei minderjährigen Kindern gilt folgendes (§ 6 Abs. 1 Nr.2 ALG II VO):

Die 30,00 Euro sind bei dem minderjährigem Kind nur zu berücksichtigen, wenn tatsächlich eine Versicherung für das Kind abgeschlossen worden ist. Dann soll eventuell nur ein Abzug in Höhe der tatsächlichen Kosten bis zu 30 Euro möglich sein (str.).

Erzielt das Kind mehr Einkommen als es zur Bedarfsdeckung benötigt (z.B. Unterhalt 400 Euro, Wohngeld 100 Euro bei einem Bedarf von 450 Euro), so wird oftmals das ganze Geld (inkl. Kindergeld) beim Kind angerechnet, was falsch ist. **Denn das Kindergeld, welches das Kind nicht mehr zur eigenen Bedarfsdeckung benötigt, ist beim Erwachsenen anzurechnen.**

Wird Kindergeld bei einem Elternteil angerechnet und ist es dessen einziges Einkommen, so wird dieses auch noch mal um die 30 Euro Pauschale bereinigt!

Als Beispiel folgender Fall:

	Gesamt	Mutter	Mdj. Kind (B:400 €)
Einkommen	-	-	-
Kindergeld	184 Euro	-	184 Euro
Unterhalt	200 Euro	-	200 Euro
Wohngeld	150 Euro	-	150 Euro
Gesamt	**534 Euro**	-	**534 Euro**

Was ist an dieser Berechnung – die leider sehr oft vorkommt – falsch?

Das über den Bedarf des Kindes hinausgehende Kindergeld (und nur dieses, nicht sonstiges Geld/ Einkommen des Kindes!) ist beim Elternteil in der Bedarfsgemeinschaft anzurechnen (und gegebenenfalls um 30,00 Euro zu bereinigen).

Lösung des Falles:

	Gesamt	Mutter	Mdj. Kind (B:400 €)
Einkommen	-	-	-
Kindergeld	184 Euro - 30 €	134 € - 30€	50 Euro
Unterhalt	200 Euro	-	200 Euro
Wohngeld	150 Euro	-	150 Euro
Gesamt	**504 Euro**	**104 Euro**	**400 Euro**

Wenn das Kind Volljährig wäre:

	Gesamt	Mutter	Mdj. Kind (B:400 €)
Einkommen	-	-	-
Kindergeld	184 Euro- 60 €	104 € - 30€	80 – 30 Euro
Unterhalt	200 Euro	-	200 Euro
Wohngeld	150 Euro	-	150 Euro
Gesamt	**474 Euro**	**74 Euro**	**400 Euro**

Der TIPP der Kanzlei Löwenrecht:

Prüfen Sie, ob ein Wechsel des Bezugsberechtigten des Kindergeldes möglich ist, wenn z.b. der Bezugsberechtigte über noch anderes Einkommen verfügt und (überschüssiges) Kindergeld daher nicht mehr bereinigt wird. Also Antrag bei Familienkasse stellen!

Bei einem volljährigen Kind, welches seinen Bedarf mit Einkommen und Kindergeld decken kann, sollte dieses Kind einen **Abzweigungsantrag nach § 74 EStG bei der Familienkasse** stellen, um zu verhindern, dass das „überschüssige" Kindergeld bei den Eltern angerechnet werden kann.

Rückforderung von zu Unrecht gezahltem Kindergeld

Es kommt in der Praxis vor, dass ein Kind über Monate/ Jahre zu Unrecht Kindergeld bezogen hat. Nunmehr ist fraglich, ob dann, wenn die Familienkasse das Kindergeld für diesen Zeitraum zurückfordert, der SGB II Träger rückwirkend die Leistungen für diesen Zeitraum ohne Berücksichtigung des Kindergeldes zahlen muss (also der SGB II Träger die Rückforderung praktisch trägt).

Hier könnte nur ein Überprüfungsantrag nach § 44 SGB X helfen (und gegebenenfalls Widerspruch, wenn Bescheid noch nicht bestandskräftig ist). Mehrere Landessozialgerichte lehnen dies aber ab mit der Begründung, dass das Kindergeld zum damaligen Zeitpunkt doch tatsächlich zugeflossen ist, also der Bescheid nicht falsch war und daher nicht nach § 44 SGB X zu korrigieren ist.

Es bliebe dann nur die Möglichkeit, einen **Erlassantrag bei der Familienkasse** zu stellen oder eben den Rückforderungsbescheid der Familienkasse anzugreifen.

Zu dieser Problematik: Urteil des BSG vom 23.08.2011 B 14 AS 165/10 R (eine Überprüfung/ Korrektur wird abgelehnt)

2. Das Vermögen, § 12 SGB II

Definition: Als Vermögen gelten alle in Geld messbaren Güter, über die der Hilfebedürftige **vor** Antragsstellung bereits verfügt. Auch Vermögen, welches im Bedarfszeitraum zur Auszahlung gebracht wird (z.b. aus Lebensversicherung), bleibt Vermögen.

Bsp: Bargeld, Schmuck, Grundstücke, Möbel, Forderungen, Aktien, Rückkaufswerte von Versicherungen, Nießbrauch, Gemälde,...

1.Schritt: welches Vermögen ist geschont, zählt also nicht zum Vermögen? Was wird also gar nicht als Vermögen angerechnet?

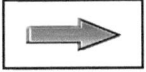 **Kraftfahrzeuge:** Hier wird ein Verkehrswert von **7500 Euro** als angemessen angenommen, noch zu zahlende Raten mindern den Wert

 **Selbst bewohnte Immobilie**: muss von der Größe aber angemessen sein und selbst bewohnt werden; was angemessen ist, ist regional teilweise unterschiedlich, es gibt folgende Richtwert:bei Eigenheim 80-90 m² bei einer Person (Whg 80/ Haus 90); Plus/ Minus 20 m² für weitere/ weniger Personen im Haushalt. Aber auch hier ist auf den Wert abzustellen.
Die Grundstücksgröße soll mit **500 m²** im städtischen Bereich und **800 m²** im ländlichen Bereich angemessen sein. Ist das Grundstück zu große, müsset ein Teil abgetrennt/ verkauft werden, wenn es nicht unwirtschaftlich ist.

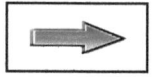 **Vermögen, das der Schaffung von Wohnraum dient, der wiederum Behinderten oder Pflegebedürftigen dienen soll**: das Vermögen muss alsbald im Rahmen einer zielgerichteten Planung verwendet werden; Zeitgrenzen gibt es aber grundsätzlich nicht; es muss ein Verwandtheitsgrad nach § 16 Abs.5 SGB X bestehen

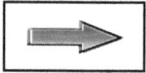 **Hausrat, soweit er angemessen ist**: Maßstab ist eine Bevölkerungsgruppe mit kleinerem Einkommen

 **Gegenstände zur Berufsausbildung / Erwerbstätigkeit** (§ 4 Abs. 1 ALG II VO), soweit für Berufsausbildung unentbehrlich

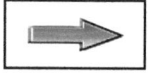 **Riesterrente, § 12 Abs.2 S.1 Nr. 2 SGB II bzw. geförderte Altersvorsorge nach § 10 a EstG**

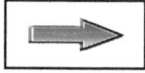 **Private Altersvorsorge zum Ausgleich der Befreiung von der Rentenversicherungspflicht**:
Voraussetzung ist aber stets die Befreiung von der Rentenversicherungspflicht

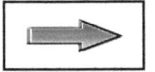 **Zusätzliche private Altersvorsorge mit unwiderruflicher Zweckbindung**: es muss sich also um eine Altersvorsorge handeln, bei der ein unwiderruflicher Verwertungsausschluss bis zum Eintritt in den Ruhestand besteht. Ein Rückkauf, eine Beleihung oder Kündigung dürfen nicht möglich sein. Dabei kann dann nach § 168 Abs. 3 VVG mit dem Versicherer ein Verwertungsausschluss bis **zu 750 Euro pro Lebensjahr** vereinbart werden, je nach Alter höchstens 48750 Euro, 49500 Euro oder 50250 Euro (§ 12 Abs. 2 S.2 SGB II).

2. Schritt: nunmehr wird das nicht (unter Schritt 1) geschützte Vermögen angerechnet; auch dafür fallen weitere Freibeträge an:

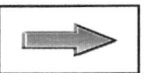 Zunächst steht **jedem Mitglied der BG** jeweils einmalig ein Betrag in Höhe von **750 Euro als Freibetrag** für notwendige Anschaffungen zur Verfügung.

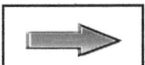 Jeder Volljährige hat dann einen weiteren Freibetrag in Höhe von **150 Euro pro Lebensjahr**; dabei mindestens 3100 Euro pro Person, und je nach Alter höchstens 9750 Euro, 9900 Euro oder 10050 Euro (§ 12 Abs. 2 S.2 SGB II).

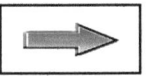 Jedes **minderjährige Kind hat pauschal 3100 Euro** als Freibetrag.

3. Schritt: Ist dann immer noch Vermögen übrig, welches also nicht nach Schritt 1 geschont oder nach Schritt 2 komplett unter die Freibeträge fällt?

Dann ist zu prüfen, ob

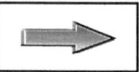 eine **Verwertung überhaupt möglich ist** (rechtlich und wirtschaftlich) oder

 ob die Verwertung **offensichtlich unwirtschaftlich** ist (oftmals beim Rückkauf von Versicherungen etc.) oder ob

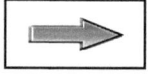 die Verwertung eine **besondere Härte** bedeuten würde (z.B. besondere Erbstücke, Existenzgefährdung von nahen Angehörigen).

Trifft eine dieser Fallgruppen zu, ist ALG II weiter als Zuschuss zu bewilligen!

4. Schritt: Sollte die Verwertung grundsätzlich auch nach Schritt 3 möglich sein, so ist abschließend zu prüfen:

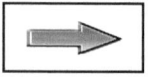 Ob eine zeitnahe Verwertung überhaupt möglich ist (ansonsten gibt es ALG II als Zuschuss) oder ob

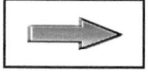 Eine zeitnahe Verwertung eine besondere Härte bedeuten würde.

Liegt das Vermögen oberhalb der Vermögensgrenzen, so sollte man zusehen, dass das überschüssige Vermögen ausgegeben wird, aber nur für **wirtschaftlich sinnvolle, notwendige Sachen**. So kann man z.b. Schulden begleichen.

Unwirtschaftliche Entreicherungen sind zu vermeiden, da man ansonsten nach § 31 SGB II sanktioniert werden kann oder sich einer Rückforderung nach § 34 SGB II ausgesetzt sieht.

Befindet sich das Vermögen oberhalb der Freigrenzen, wird es- **da es einen „fiktiven" Verbrauch nicht gibt** - immer wieder angerechnet. Eine fiktive Zurechnung des Vermögens auf einen Verbrauchszeitraum ist so lange ausgeschlossen, als das Vermögen tatsächlich vorhanden ist (so ständige Rechtsprechung des BSG, zuletzt Beschluss vom 30/07/2008, B 14 AS 14/08). Der Hilfebedürftige ist nach der Rechtsprechung des Bundessozialgerichts solange auf den Verbrauch seines Vermögens zu verweisen, wie dieses vorhanden ist.

 Geht infolge einer Vermögensverschiebung der Zweck des bisher geschützten Vermögens verloren (z.B. Verkauf des geschützten Kfz oder Hausrats), so wird der Verkaufserlös bei Überschreitung des Freibetrags angerechnet.

Beispiel:

Ein 50 jähriger Hilfeempfänger hat ein Kfz im Wert von 7500 Euro und 7500 Euro auf dem Sparbuch. Sein Freibetrag beträgt insgesamt 8250 Euro (50 Jahre * 150 plus 750 Euro Grundfreibetrag).

Da das Kfz zum Schonvermögen gehört, sind auch die 7500 Euro auf dem Sparbuch geschützt. Verkauft er das Auto aber z.B. für 7500 Euro, so hat er 15.000 Euro Vermögen. Dies übersteigt nun aber die Vermögens-Freibeträge, der Hilfebedürftige erhält daher solange keine Leistungen mehr, bis er sein Vermögen auf 8250 Euro gesenkt hat.

5. Kapitel: Sanktionen, 1 Euro Jobs und Eingliederungsvereinbarungen

1. Sanktionen – die mag keiner (§§ 31 ff. SGB II)

1. Was ist überhaupt eine Sanktion?

Bei einer Sanktion werden die Leistungen gekürzt. Dies erfolgt grundsätzlich über einen Zeitraum von drei Monaten (Ausnahme: Kürzung wegen einer Sperrzeit durch die AA, dann dauert Sanktion so lange wie Sperrzeit (teilweise streitig.)).

2. Wie hoch sind die Sanktionen, wie viel wird gekürzt?

1. Für <u>unter</u> 25 jährige, § 31 a Abs. 2 SGB II

1. Pflichtverletzung	2. Pflichtverletzung	3. Pflichtverletzung
Die Gelder werden komplett gesperrt, die Unterkunftskosten und Heizkosten werden direkt an den Vermieter gezahlt. Es gibt nur noch Sachleistungen	Kein Anspruch mehr auf Leistungen nach dem SGB II, auch keine Unterkunftskosten, keine Krankenkasse etc. Unterkunftskosten können wieder übernommen werden, wenn der Betroffene sich nachträglich bereit, die Pflichten zu erfüllen	Kein Anspruch mehr auf Leistungen nach dem SGB II, auch keine Unter-kunftskosten, keine Krankenkasse etc. Erklärt der Betroffene sich nachträglich bereit, die Pflichten (in Zukunft) zu erfüllen, dann eventuell nur Kürzung auf 60 % (Ermessen des SGB II Trägers);

Unter 25 Jährige können Sanktionszeitraum auf 6 Wochen verkürzen, § 31 b Abs.1 S.4 SGB II.

2. Für über 25 jährige, § 31 a Abs.1 SGB II

1. Pflichtverletzung	2. Pflichtverletzung	3. Pflichtverletzung
Kürzung des ALG II Anspruchs in Höhe von 30 % der grundsätzlich zustehenden Regelleistung des Sanktionierten.	Kürzung des ALG II Anspruchs in Höhe von 60 % der grundsätzlich zustehenden Regelleistung des Sanktionierten. -treffen zwei Sanktionen zeitlich zusammen, dann keine Addition, es bleibt bei 60 %	Kein Anspruch mehr auf Leistungen nach dem SGB II, auch keine Unterkunftskosten, keine Krankenkasse etc. Erklärt der Betroffene sich nachträglich bereit, die Pflichten (in Zukunft) zu erfüllen, dann eventuell nur Kürzung auf 60 % (Ermessen des SGB II Trägers);

Die Pflichtverletzungen müssen innerhalb eines Jahres nach Beginn des letzten Sanktionszeitraums erfolgen, um eine wiederholte Pflichtverletzung zu sein.
Bei **Meldeversäumnissen** gilt eine Kürzung der Regelleistung in Höhe von 10 %, dann 20 % bei der zweiten usw.,vgl. § 32 SGB II.

Bei Kürzungen um <u>mehr als</u> 30 % <u>muss</u> der SGB II Träger zum Ausgleich der Kürzungen Sachleistungen/ geldwerte Leistungen – **als Zuschuss**!- erbringen, aber nur auf Antrag

3. Voraussetzungen für eine Kürzung

a) Vorliegen eines „Kürzungstatbestands"
(7 mögliche Gründe, siehe unten)

b) kein wichtiger Grund für Verhalten des Hilfeempfängers

c) ordnungsgemäße Rechtsfolgenbelehrung erfolgt oder Kenntnis der Rechtsfolgen?

Kennen Sie schon das

Hartz-IV-Portal?
www.HartzIV-Rechtsanwälte.de

Wir helfen Ihnen sich zu wehren!

a) Vorliegen eines Kürzungstatbestands (7 Möglichkeiten)

Weigerung, Pflichten aus Eingliederungsvereinbarung / dem Verwaltungsakt zu erfüllen	Nichtantritt/ Abbruch einer zumutbaren Eingliederungsmaßnahme oder Ausschluss aus einer Maßnahme	Weigerung, eine zumutbare Arbeit, Ausbildung, Arbeitsgelegenheit, oder eine nach § 16e SGB II geförderte Arbeit aufzunehmen oder fortzuführen oder auch bei Verhalten, welches Anbahnung verhindert
Die Pflichten können vielschichtig sein, z.B. Bewerbungen schreiben, Kontakt zu Beratungsstellen aufnehmen, Maßnahmen durchführen,… Die Anzahl der Bewerbungen pro Monat ist im Gesetz nicht festgelegt; 10 sollen laut Rechtssprechung auf jeden Fall zulässig sein.	Eingliederungsmaßnahmen: z.B. Trainingsmaßnahmen, Maßnahmen der Eignungsfeststellung und der beruflichen Weiterentwicklung,.. Ein **Abbruch** setzt immer eine Beendigungsabsicht voraus Ein **Ausschluss** darf nur erfolgen, wenn ein Fehlverhalten des Hilfeempfängers vorliegt und die Fortsetzung der Maßnahme für den Träger / die Teilnehmer unzumutbar ist; grds hat zuvor Abmahnung zu erfolgen.	Zumutbare Arbeit ist in § 10 SGB II geregelt; Es kommt **jede Arbeit** - auch eine nicht versicherungspflichtige - in Betracht, soweit die Arbeitsgesetze eingehalten werden. Bei „Angebot" einer Tätigkeit muss diese nach **Art der Tätigkeit, Entlohnung und zeitlicher Umfang** genau beschrieben sein. Der Hilfeempfänger muss geistig und körperlich in der Lage sein, die Arbeit leisten zu können. Es muss eine Weigerung vorliegen, also ein ausdrückliches Ablehnen! Arbeitsaufgabe muss vorsätzlich erfolgen durch selbst kündigen, Aufgabe oder Auflösungsvertrag.

fortgesetztes unwirtschaftliches Verhalten	Meldeversäumnisse **§ 32 SGB II**	Sperrzeit nach § 144 SGB III/ oder Vorliegen der Voraussetzungen dafür	Verschleuderung von Einkommen oder Vermögen
Hier ist es kaum möglich, passable Beispiele zu finden. Die Unwirtschaftlichkeit muss sich ja auf Zeiträume des ALG II Bezugs beziehen. Fraglich ist daher, wie ein Hilfeempfänger mit dem geringen Regelsatz unwirtschaftlich umgehen soll.	Der Zweck der Meldung muss in der Ladung konkret genannt sein. Es darf nur zu bestimmten Zwecken geladen werden, wie z.B. Berufsberatung, Vermittlung in Ausbildung / Arbeit, Vorbereitung von Eingliederungshilfen oder Entscheidungen im Leistungsverfahren oder zur Prüfung der Voraussetzungen für den Leistungsanspruch; also auch zu psychologischer Untersuchung.	Wenn die AA eine Sperrzeit verhängt, so gibt es eine Sanktion. Die Richtigkeit dieser Sperrzeit ist nicht vom SGB II Träger zu prüfen. Die Sanktion darf auch nur solange dauern, wie die Sperrzeit (1 – 12 Wochen) (**str.**) Beginn der Sanktion ist hier der Beginn der Sperrzeit, nicht der Monatserste.	Mit dem Hintergrund, die Gewährung / Erhöhung von ALG II Leistungen herbeizuführen. Vorsatz vonnöten. Eine Rechtsfolgenbelehrung ist bei diesem Sanktionstatbestand <u>nicht</u> erforderlich. Es kann zudem eine Ersatzpflicht nach § 34 SGB II eintreten.

b) kein wichtiger Grund für Verhalten des Hilfeempfängers

Ein wichtiger Grund liegt vor, wenn dem Hilfebedürftigen unter Berücksichtigung aller Umstände des Einzelfalls und unter Abwägung seiner Interessen mit den Interessen der Steuerzahler ein anderes Verhalten nicht zugemutet werden kann (z.B. berufliche Gründe, private Gründe, familiäre oder gesundheitliche Gründe) oder **Meldeaufforderung nicht erhalten**
(ACHTUNG: hier hat Jobcenter die Nachweispflicht, dass Schreiben nicht bei Hilfeempfänger angekommen ist)

- bei Eingliederungsmaßnahmen / Ein Euro Jobs sollte man den Sinn dieser Maßnahmen hinterfragen: sind diese wirklich geeignet, den Hilfeempfänger in Arbeit einzugliedern? Was nützen diese Maßnahmen ihm?

c) ordnungsgemäße Rechtsfolgenbelehrung erfolgt / Kenntnis vorhanden?

ACHTUNG: SEHR PRAXISRELEVANT

- die Belehrung/ Kenntnis muss stets zeitnah und **vor** dem Verhalten des Hilfebedürftigen erfolgen, welches die Sanktion begründet

Laut Urteil des BSG vom 16.12.08 (B 4 AS 60/07 R) muss die Belehrung dabei konkret, richtig, verständlich und individuell sein, so dass nur ein Abdruck / Merkblatt des Gesetzestextes oder allgemeine Floskeln, die mit dem konkreten Einzelfall nichts zu tun haben, nicht ausreichend sind!

> Entfällt die Leistung ganz, so muss auch der Hinweis enthalten sein, dass auch keine Kranken- Pflege- und Rentenversicherung mehr besteht **(LSG Niedersachsen-Bremen, 06.09.07, L 7 AS 472/07 ER).**

Es reicht aus, wenn der Betroffene „Kenntnis" von den Rechtsfolgen hat!

- bei „Angebot" einer Maßnahme ist auch diese mit einer Rechtsfolgenbelehrung zu versehen

- bei unter 25 jährigen darf Hinweis auf die Möglichkeit der Kürzung der Sanktionsdauer (§ 31 Abs. 6 S.3 SGB II) nicht fehlen.

Die Sanktion ist ohne ordnungsgemäße Rechtsfolgenbelehrung / Kenntnis der Rechtsfolgen **aufzuheben!**

Hessisches LSG, Beschluss vom 03.12.13, L9 AS 614/13 B ER

Sanktions- und Bewilligungsbescheide bilden eine rechtliche Einheit. Der SGB II Träger muss daher **parallel zum Sanktionsbescheid einen Leistungsbescheid erlassen** bzw. die ursprüngliche Leistungsbewilligung ändern, da es einer Aufhebungs- bzw Änderungsentscheidung nach § 48 SGB X bedarf. Denn allein durch die Formulierung im

Sanktionsbescheid, dass das ALG II abgesenkt werde, tritt keine Änderung nach § 48 SGB X ein (a.A: LSG Nordrhein Westfalen, Beschluss vom 04.03.13, L 19 AS 1688/12 B).

LSG Sachsen, Beschluss vom 24.06.13, L5 AS 323/13 B ER

Eine Rechtsfolgenbelehrung muss so einfach abgefasst sein, dass auch ein Leistungsempfänger mit einfacher Schulbildung in der Lage ist, sie zu verstehen. Eine Vielzahl von irrelevanten Informationen in der RFB ist geeignete, Personen, die sich nicht regelmäßig mit Inhalten von Schriftstücken auseinandersetzen, zu überfordern und zu verwirren. Bereits ein zu langer Text kann dazu führen, dass sie bei der Lektüre den gedanklichen Faden verlieren oder schlicht aufgeben. Eine Warnfunktion ist nicht mehr gegeben, da die RFB die Folgen einer Pflichtverletzung nicht in verständlicher Form kurz vor Augen führt.

Bayr LSG, 16.01.13, L 11 AS 421/09

Aufzählung aller nach § 31 a SGB II möglichen Rechtsfolgen ist keine ordnungsgemäße RFB

Hessisches LSG, Beschluss vom 03.12.201, L9 AS 614/13 B ER

Ein Übersenden per Post reicht nicht aus, wenn in der RFB zuvor stand, dass die Leistungen „ab Zustellung" gekürzt werden. Denn dann muss auch der Sanktionsbescheid als Einschreiben zugestellt worden sein.

 **Der TIPP der Kanzlei Löwenrecht:**

Die Urteile zeigen, dass es teilweise immer noch relativ einfach ist, eine Sanktion trotz Fehlverhaltens zu kippen. Insbesondere werden oftmals Sanktionsbescheide nur per Post verschickt, nicht etwa „zugestellt" (mit Zustellungsurkunde). Wenn dann in der Rechtsfolgenbelehrung steht, dass die Sanktion im Monat nach der „Zustellung" beginnt, so dürfte es für das Jobcenter problematisch werden, diese durchzusetzen.

Wenn aber in der Rechtsfolgenbelehrung „ab Bekanntgabe" oder „Übersendung" des Sanktionsbescheides steht, so soll das Zusenden per einfacher Post ausreichen.

 **Der TIPP der Kanzlei Löwenrecht:**

Bei einer Vollsanktion sollte man immer geldwerte Leistungen/ Sachleistungen (Gutscheine) beantragen, da dann der Krankenversicherungsschutz wieder besteht!

Besuchen Sie uns bei Facebook!

**Unter Löwenrecht oder dem Hartz4Portal!
Treten Sie den HartzIV - Bundesland Gruppen bei (z.B. Hartz IV Niedersachsen)!**

2. Die Ein- Euro Jobs

Voraussetzungen, damit ein „1 Euro Job" rechtmäßig ist:

Im Öffentlichen Interesse liegen, § 16d III SGB II	Zusätzliche Arbeit, § 16d II SGB II	Zur Eingliederung in Arbeit geeignet /erforderlich	Vor Antritt ausreichend bestimmt	verhältnismäßig
Das Arbeitsergebnis muss der Allgemeinheit dienen, also gemeinnützig sein. Es darf also nicht nur ein eingegrenzter Personenkreis davon profitieren (wie z.B. bei einem Verein).	Ist es nur dann, wenn diese Arbeit ansonsten nicht oder nicht in diesem Umfang oder erst zu einem späteren Zeitpunkt ausgeführt werden würde. Also Vertretungen oder Reinigungsarbeiten eignen sich grds. nicht.	Grds. wegen der „Zusätzlichkeit" nur bei Menschen möglich, die psychosoziale Probleme haben oder ihre Erwerbsfähigkeit testen müssen, also eine Integration nötig ist. Eingliederungsleistungen nach § 16 Abs. 1 SGB III dürfen nicht erfolgsversprechender sein. (gehen daher grds. vor).	Umfang, Art und Dauer der Tätigkeit sowie die Höhe der Aufwandsentschädigung müssen feststehen **Vgl. BSG 16.12.08, B4 AS 60/07 R**	AGHs nicht für ALG I Aufstocker. Bei mehr als 30 Wochenstunden wahrscheinlich nicht mehr verhältnismäßig.

Die meisten 1 Euro Jobs dürften daher rechtswidrig sein, weil eine der Voraussetzungen nicht erfüllt ist.

Wichtig: das Jobcenter muss vor Verhängung eines 1 Euro Jobs eine Prognose abgeben, die sich mit den individuellen Verhältnissen des Arbeitslosen auseinandersetzt (wie lange ist er arbeitslos? Gibt es Eingliederungshemmnisse?).

3. Die Eingliederungsvereinbarung

Grundsätzlich soll der Hilfeempfänger eine Eingliederungsvereinbarung abschließen. Sie soll für 6 Monate abgeschlossen werden, längstens für 12 Monate.

 **Der TIPP der Kanzlei Löwenrecht:**

Eine Eingliederungsvereinbarung muss man nicht abschließen! Das Jobcenter kann **keine Sanktion** verhängen, wenn die Eingliederungsvereinbarung nicht unterschrieben wird!
Aber: das Jobcenter schickt die Eingliederungsvereinbarung dann als Verwaltungsakt an den Hilfeempfänger. Er kann dann dagegen Widerspruch einlegen, muss aber die Pflichten aus der Eingliederungsvereinbarung – soweit rechtlich zulässig- erfüllen, solange die Eingliederungsvereinbarung nicht aufgehoben oder im Eilverfahren vom Gericht gekippt wird.

Ein Anspruch auf Eingliederungsleistungen vom Hilfeempfänger an das Jobcenter besteht nicht! Diese „können" erbracht werden, § 3 Abs. 1 SGB II, müssen aber nicht.

Was soll in der Eingliederungsvereinbarung geregelt werden?

   a) **Festlegung der Eingliederungsleistungen**

- dies sind Leistungen, auf die <u>kein</u> Rechtsanspruch besteht, daher kann sie das Jobcenter allein bestimmen

- z.B. können Umschulungen, Förderung eines Schulabschlusses etc vereinbart werden

- was zugesagt wurde, muss grundsätzlich gehalten werden
(Abänderung nur möglich durch § 16 Abs. 1 S.1 SGB II iVm § 37 Abs. 3 S.2 SGB III

   a) **Festlegung der Eigenbemühungen (z.B. wie viele Bewerbungen etc.)**

<u>**Anzahl und Kosten der Bewerbungen:**</u>

Eine starre Zahl, wie viele Bewerbungen pro Monat zulässig sind, gibt es nicht. Die Gerichte entscheiden je nach Einzelfall. Das SG Berlin hat eine **starre Mindestzahl als rechtswidrig** eingestuft, das Hessische LSG **zehn Bewerbungen** pro Monat als zulässig angesehen.

Sie sollten darauf bestehen, dass in der EV geregelt wird, dass der SGB II Träger die tatsächlich anfallenden Bewerbungskosten komplett übernimmt.

SG Stuttgart, Beschluss vom 27.09.2013 - S 24 AS 4816/13 ER

Lässt die Eingliederungsvereinbarung bzw. der zu ersetzende Eingliederungsverwaltungsakt die konkrete Form der Bewerbungen nicht offen, sondern fordert ausdrücklich auch schriftliche - und somit kostenrelevante - Bewerbungsbemühungen, ist in der Eingliederungsvereinbarung auch deren Finanzierung (Zusage von Leistungen nach §§ 45 ff. SGB III) zu regeln.
Fehlt es einer entsprechenden Kostenübernahmeregelung, stellt sich die Eingliederungsvereinbarung als rechtswidrig dar.

Joachim Gerhards
Rechtsanwalt und Notar
Fachanwalt für Arbeitsrecht
Fachanwalt für Sozialrecht

Leinenweberstraße 2   Telefon: 0 51 51 / 1 40 50
31789 Hameln   Telefax: 0 51 51 / 10 74 916

E-Mail: RAuN-Gerhards@freenet.de
www.sozialrecht-gerhards.de

6. Kapitel: Rückforderung und Erstattung von Leistungen / Darlehen und Aufrechnungen

1. Die Rückforderung und Erstattung von Leistungen, §§ 45, 48, 50 SGB X

Allgemein zu prüfen:

- wurde die Aufhebung / Erstattung an **jede einzelne Person gesondert** erteilt (Ausn.: Minderjährige)

- Jahresfrist eingehalten (Behörde muss innerhalb eines Jahres nach Kenntnis der Tatsachen, die zur Aufhebung/ Rückforderung berechtigen, den Bescheid erlassen)? §§ 44 Abs. 4, 45 Abs.4, 48 Abs. 4 SGB X; Bescheid muss ergangen sein, **Anhörung reicht nicht (teilweise streitig)!** Jahresfrist beginnt mit **Kenntnis** der Rücknahmegründe, Aktenkundigkeit reicht aus (str.)

Achtung: ergeht ein Bescheid gegen ein falsches Mitglied der BG, kann dieser nach Jahresablauf nicht mehr auf andere Mitglieder der BG ausgedehnt werden

- wurden **alle** von der Aufhebung **betroffenen Bewilligungsbescheide** genannt? **(str.)** Zumindest die Zeiträume richtig aufgeschlüsselt, für die etwas zurückgefordert wird?

§ 45 SGB X	§ 48 SGB X
- Bescheid war **von Anfang** an (also bereits bei **Bekanntgabe / Zugang**) rechtswidrig	- Bescheid wurde erst **nach Bekanntgabe/ Zugang** rechtswidrig (durch Änderungen in tatsächlichen/ rechtlichen Verhältnissen)
Aufhebung mit Wirkung Zukunft / Vergangenheit	
a) Ermessen ausgeübt ? b) Vertrauensschutz, Abs. II c) konnte Leistungsbezieher die Überzahlung erkennen? Lag grobe Fahrlässigkeit vor? Also Verschulden notwendig; Ver-schulden der Eltern wird den mdj. Kindern zugerechnet, § 166 BGB; Ein ausländischer Mitbürger, der der Sprache nicht mächtig ist, muss alles Erdenkliche unternehmen, um das Schreiben verstehen zu können.	a) grds. nur mit Wirkung für die Zukunft aufzuheben (§ 48 Abs. 1 S.1 SGB X) b) nur bei § 48 Abs. 1 S.2 Nr. 1- 4 SGB X mit Wirkung für Vergangenheit

> **Weiter zu prüfen:**
>
> a) Sonderregel **des § 40 Abs. 4 SGB II**: Teile der KDU (56 %) (nunmehr auch inklusive Warmwasserzuschlag nach § 21 Abs. 7 SGB II) sind nicht rückforderbar, wenn Rückforderung nach § 50 SGB X und dabei **volle Leistungsaufhebung** und kein Fall des § 45 Abs. 2 S.3 SGB X oder § 48 Abs.1 S.2 Nr. 2 und 4 SGB X vorliegt
>
> b) Höhe der Rückforderung richtig und **nachvollziehbar**?(ohne größere Rechenschritte)
>
> c) wurde Einkommen richtig bereinigt/ verteilt?

Der TIPP der Kanzlei Löwenrecht:

Gemäß § 39 SGB II haben Widerspruch und Klage gegen den Erstattungsbescheid nach § 50 SGB X aufschiebende Wirkung (also nicht gegen Entscheidung nach §§ 45,48 SGB X). Daher muss die vermeintliche Forderung erst nach Abschluss des Verfahrens gezahlt werden. Damit kann man Zeit gewinnen!

Bei Rückforderungen von Kosten aus **Betriebs-Heizkostenguthaben** können nur die **KDUs** aufgehoben werden, nicht z.B. der Alleinerziehungszuschlag oder die Regelleistung. Werden trotzdem andere Leistungen als die Kosten der Unterkunft und Heizung aufgehoben, gilt: ein Jahr abwarten, denn dann kann das Jobcenter den Bescheid nicht mehr korrigieren und einen Überprüfungsantrag gegen den Bescheid stellen, um das Geld zurückzuerhalten.

Checkliste bei Aufhebung/ Rückforderung/ Erstattung:

1. Erfolgt die Aufhebung gesondert an die volljährigen Mitglieder der Bedarfsgemeinschaft, also hat jeder Volljährige Hilfebedürftige einen eigen Bescheid erhalten?

2. Wieviele Bescheide wurden aufgehoben? Sind es alle Bescheide, die in dem Zeitraum ergingen? Oder wurden nur Zeiträume aufgehoben? Zumindest ist der letzte in dem Zeitraum ergangene Änderungsbescheid aufzuheben.

3. Wann – also in welchem Monat – ist das Einkommen etc zugeflossen? Wird auch dieser konkrete Monat aufgehoben? Bei Betriebskosten- Heizkosten: hier darf erst ab dem nächsten Monat nach Zufluss aufgehoben werden

4. Bei Betriebskosten- Heizkosten: hier dürfen nur die Kosten der Unterkunft aufgehoben werden, nicht etwa die Regelleistung / Mehrbedarfe

5. wurde auch nur etwas aufgehoben, was auch in dem Aufhebungszeitraum bewilligt wurde (z.B. Klassenfahrt: wann wurde diese bewilligt?)

6. Sonderregel des § 40 Abs.4 SGB II beachtet?

7. Jahresfrist beachtet- wann erlangte Jobcenter sichere Kenntnis von den Tatsachen zur Aufhebung?

8. Voraussetzungen der $$ 45, 48 beachtet? Einkommen richtig bereinigt (insbesondere 30 Euro Pauschale)?

 **Der TIPP der Kanzlei Löwenrecht:**

Wie das **BSG am 18.11.2014 (B 4 AS 12/14 R)** erneut bestätigt hat, gilt im Bereich des ALG II das sogenannte „**Minderjährigenhaftungsbeschränkungsgesetz**" nach § **1629 a BGB**. Das bedeutet Folgendes: das Jobcenter kann keine Erstattung von einem Kind verlangen, welches bei Bestandskraft (wenn der Bescheid nicht mehr mit Rechtsmitteln wie Widerspruch und Klage angegriffen werden kann oder nach Klage) des Aufhebungs- und Erstattungsbescheids volljährig ist, aber beim Entstehen der Schuld minderjährig war, wenn das Kind bei Eintritt in die Volljährigkeit über kein Vermögen (in Höhe der Rückforderungssumme) verfügte.
Die Einrede der „Minderjährigenhaftungsbeschränkung" muss ausdrücklich gegenüber dem Jobcenter/ Gericht **erhoben werden.**

2. Darlehen und Aufrechnung

Vor der Gewährung eines Darlehens ist das (Bar-)Vermögen des Darlehensnehmers – soweit vorhanden-einzusetzen. Bei einem Darlehen nach § 22 Abs. 8 SGB II ist nur das Vermögen einzusetzen, welches unter den Grundfreibetrag der Erwachsenen fällt (150 Euro pro Lebensjahr).

Rechtsgrundlage für alle Darlehensarten ist § 42 a SGB II

Zu klären ist stets:

1. Wer ist Darlehensnehmer/ wer hat es erhalten?	2. wer muss es zurückzahlen
a) Es ist grundsätzlich möglich, dass alle <u>Mitglieder der BG</u> das Darlehen erhalten haben und dann bezüglich der Rück-zahlung als Gesamtschuldner haften b) fraglich ist, ob aber jemand Darlehensnehmer sein kann, dessen Bedarf mit dem Darlehen nicht gedeckt wird - dies richtet sich nach dem <u>Leistungszweck</u> (wer ist durch das Darlehen begünstigt) und der gegenseitigen <u>Bedarfsdeckung</u> (liegt diese ggfs über § 9 Abs. 2 S.3 SGB II vor?)	- grds. nur derjenige, dem das Darlehen zugute kommt <u>Wie gestaltet sich die Rückzahlung:</u> a) Vereinbarungen sind nur zulässig, wenn das Darlehen sofort fällig ist <u>b) bei Rückzahlung im Leistungsbezug:</u> 10 % der jeweiligen maßgeblichen Regelleistung (Ausnahme: Vermögens-und Ausbildungsdarlehen) <u>Tilgung neben Sanktion oder anderer Aufrechnung möglich?</u> Streitig, da Existenzminimum ggfs unterschritten

10 % ige Aufrechnung der maßgeblichen RL	30 % ige Aufrechnung der maßgeblichen RL
- bei Vorschüssen auf das ALG II - bei vorläufigen Leistungen/ Entscheidungen - bei nachträglichem Einkommenszufluss	- Überzahlung aufgrund arg-listiger Täuschung, Drohung, Bestechung oder falscher Angaben - Überzahlungen, die erkannt hätten werden können - Ersatzansprüche wg sozialwidrigen Verhaltens - Ersatzansprüche bei rechts-widrig erbrachten Sozial-leistungen - bei nachträglichem Zufluss von Einkommen / Vermögen, wenn nicht rechtzeitig mitgeteilt - weitere Rückforderungen, die nicht unter die 10% Regelung fallen

 Es darf aufgrund von Darlehen immer nur **insgesamt 10 %** gekürzt werden, vgl. § 42 a Abs. 2 S.1 SGB II. Also bei mehreren Darlehen hat die Kürzung nacheinander oder anteilig zu erfolgen, **aber immer nur in Höhe von insgesamt 10 %.**

Wird aus einem Darlehen (§ 42a SGB II) und aufgrund einer Aufrechnung (§ 43 Abs.1 SGB II) **gleichzeitig aufgerechnet** und werden dabei die 30 % überstiegen, erledigt sich die Darlehensrückzahlung, soweit sie der Aufrechnung entgegen steht. Diese 30 % - Aufrechnungen unterbrechen die Darlehensrückzahlung. Diese lebt dann aber nach der Aufrechung wieder auf.

§ 43 Abs.2, Abs.3 SGB II: es darf **nie mehr als insgesamt 30 % gekürzt werden**. Wird neben einer Aufrechnung, die bereits getilgt wird, eine weitere Aufrechnung erklärt, die zu einer Tilgung von dann mehr als 30 % führen würde, „erledigen" sich die vorherigen Aufrechnungen. Der Verwaltungsakt ist dann abgeschlossen, müsste neu erlassen werden.

 **Der TIPP der Kanzlei Löwenrecht:**

Ein Widerspruch/ Klage gegen den Darlehensbescheid haben aufschiebende Wirkung. Daher kann man eine Darlehensrückzahlung sehr lange „stoppen", da die Behörde nichts von der Regelleistung einbehalten kann, solange die Verfahren andauern. Behält die Behörde trotzdem etwas ein, wehrt man sich mit einem Eilverfahren!

7. Kapitel: Leistungen zur Existenzgründung oder Eingliederung

Hier nur eine kleine Auswahl, was es an zusätzlichen Leistungen vom Jobcenter geben kann, also leider nicht muss. Es steht der Behörde insofern ein Ermessen zu, d.h. sie kann es selbst entscheiden, ob sie diese Leistungen bewilligt oder nicht.

1. Das Einstiegsgeld, § 16 b SGB II:

Kann bei Aufnahme einer **Selbständigkeit** wie auch bei Aufnahme einer **versicherungspflichtigen Tätigkeit** gezahlt werden und ist ein nicht anrechenbarer Geldzuschuss zum ALG II, wenn man mindestens 15 Stunden pro Woche arbeitet. Seit Mitte 2009 gibt es eine Einstiegsgeldverordnung.

Grundbetrag. 50 % der Regelleistung zuzüglich etwaiger Ergänzungsbeiträge wie z.B. weitere 10 % für jedes Mitglied in BG oder 20 % wenn man mindestens 2 Jahre arbeitslos war oder schwer vermittelbar ist;
Höchstgrenze 100 % der RL. Dauer: höchstens 24 Monate; meist wird zunächst für 6 – 12 Monate bewilligt.
Existenzgründer muss **Tragfähigkeit** seiner Geschäftsidee nachweisen, also ein „schlüssiges Konzept"
(z.B. Geschäftsidee, Liquiditätsplan, Rentabilitätsvorschau,..).

2. Investitionshilfen, § 16 c SGB II (bei Selbständigkeit)

Bei **Aufnahme**, aber auch bei **Ausübung** einer selbständigen Tätigkeit kann man **Darlehen**, aber auch **Zuschüsse** für die Beschaffung von Sachgütern erhalten (auch nebeneinander!), wenn notwendig und angemessen. Zuschuss höchstens **5000**

Euro, Darlehen nicht beschränkt. Ein Kredit bei einer Bank ist vorrangig zu beantragen. Existenzgründer muss **Tragfähigkeit** seiner Geschäftsidee nachweisen, Hilfebedürftigkeit muss innerhalb von spätestens 24 Monaten überwunden sein (wenn bereits Selbständig: 12 Monaten).

3. Vermittlungsbudget, § 16 Abs.1 SGB II iVm § 45 SGB III:

Bei Aufnahme/ Anbahnung einer versicherungspflichtigen Beschäftigung kann eine Förderung aus dem Vermittlungsbudget erfolgen, wenn diese für die berufliche Eingliederung notwendig ist (auch zur Ausbildung); die Leistung erfolgt als Zuschuss (z.B. Arbeitswerkzeuge, Fahrtkosten,..).

Weitere Leistungen befinden sich in den §§16 ff. SGB II oder in § 3 SGB II.

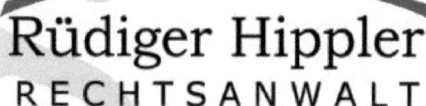

8. Kapitel: Die rechtlichen Möglichkeiten, sich zu wehren

Mit welchen Rechtsmitteln kann ich mich zur Wehr setzen?

Grundsätzlich hat man 5 Möglichkeiten, sich zur Wehr zu setzen:

1. der Widerspruch
2. die Klage
3. der Überprüfungsantrag
4. die Untätigkeitsklage
5. das Eilverfahren

Wichtig: Solange die Rechtsverfolgung nicht mutwillig und/oder zudem rechtsmissbräuchlich ist, sind diese Verfahren allesamt kostenfrei ! Es fallen für ALG II Bezieher keine Gerichtskosten an ebenso wie keine Kosten für die Behörde anfallen, auch nicht bei einem Unterliegen in der Sache! (Stand 2014)
Die einzigen Kosten, die beim Unterliegen (auch teilweisem Unterliegen) anfallen können, sind die für einen Rechtsanwalt. Hat man aber einen Beratungshilfeschein für die Angelegenheit oder Prozesskostenhilfe für das Gerichtsverfahren erhalten, dann werden auch die Kosten des Rechtsanwalts übernommen (wenn dieser im Verfahren beigeordnet ist).

1. Der Widerspruch

Einen Widerspruch müssen Sie **gegen Bescheide des Jobcenters** erheben, wenn Sie mit dem Inhalt des Bescheids nicht einverstanden sind. Einen Bescheid erkennen Sie daran, dass die Behörde darin eine **Entscheidung** trifft (also nicht nur eine Anhörung oder Aufforderung), auf der ersten Seite

grundsätzlich das **Wort „Bescheid"** auftaucht sowie eine **Rechtsfolgenbelehrung** enthalten ist.
Der Widerspruch wird immer an das Jobcenter geschickt. Er muss nicht begründet werden, muss auch keinen Antrag enthalten.

Wichtig ist nur, dass der Widerspruch beim Jobcenter **auch ankommt** (siehe Tipps beim Kapitel „Der Antrag"). Dies muss innerhalb eines Monats nach Bekanntgabe des Bescheids erfolgen, das bedeutet folgendes:

War der Bescheid z.B. am 03.11. bei Ihnen im Briefkasten, muss der Widerspruch spätestens am 03.12. beim Jobcenter ankommen!

Der Widerspruch muss unterschrieben sein.

Wichtig ist, dass der Widerspruch gegebenenfalls von mehreren Personen eingelegt werden muss, wenn es nämlich z.B. um die Kosten der Unterkunft geht, sind grundsätzlich alle Personen in der Bedarfsgemeinschaft betroffen und müssen gleichzeitig (in einem Schreiben) Widerspruch einlegen.

Ist nur eine Person betroffen (z.B. das Kind bei Ablehnung einer Klassenfahrt), dann muss auch nur diese eine Person Widerspruch einlegen (gegebenenfalls vertreten durch die Eltern).

Das Widerspruchsverfahren kann auch **ohne Anwalt** durchgeführt werden und ist dann **kostenfrei**.
Das Jobcenter hat **drei Monate Zeit**, um über den Widerspruch zu entscheiden. Liegt bis dahin keine Entscheidung vor, sollte man eine **Untätigkeitsklage** (sieh unten 4.) beim Sozialgericht erheben.

```
Abs.:............

An das Jobcenter
Straße
Ort


                                            Ort,
Datum


**BGNr:**

**Widerspruch gegen Bescheid vom .......**

Sehr geehrte Damen und Herren,

hiermit erhebe ich/ wir (Namen und Anschriften
aller Betroffenen) gegen den Bescheid vom
(Datum)

                **Widerspruch.**

Begründung:

(nicht zwingend notwendig)

Unterschriften (aller, die Widerspruch einlegen)
```

Will man einen Rechtsanwalt für das Widerspruchsverfahren einschalten, muss man sich zuvor einen **Beratungshilfeschein** beim Amtsgericht kostenfrei ausstellen lassen. Manche Amtsgerichte machen dabei leider sehr oft Schwierigkeiten, da sie meinen, ein Hilfesuchender kann auch allein Widerspruch einlegen.

Nachdem Widerspruch eingelegt wurde, beginnt das sogenannte **Widerspruchsverfahren**. Das Jobcenter prüft nun Ihr Vorbringen und entscheidet schließlich: entweder das Jobcenter gibt Ihnen Recht – dann hilft es ab und kommt damit Ihrem Verlangen nach.

Oder das Jobcenter gibt Ihnen nicht oder nur zum Teil Recht, dann erlässt es einen sogenannten **Widerspruchbescheid**. Dieser ist dann die Endentscheidung des Jobcenters Hiergegen kann dann innerhalb eines Monats nach Bekanntgabe **Klage beim Sozialgericht** eingereicht werden.

 **Der TIPP der Kanzlei Löwenrecht:**

Bitte beachten Sie, dass ein Widerspruch/ eine Klage sich immer nur gegen den angegriffenen Bescheid mit dem konkreten Zeitraum richtet. Sie müssen also sämtliche (fehlerhaften) **Folgebescheide auch immer mit einem Widerspruch/ Klage angreifen!**

2. Die Klage

Wenn das Widerspruchsverfahren abgeschlossen ist und das Jobcenter einen **Widerspruchsbescheid** erlassen hat, kann man gegen den Ausgangsbescheid in Form dieses Widerspruchsbescheids Klage beim örtlich zuständigen Sozialgericht (Wohnort des Klägers/ Klägerin) erheben. Diese muss unterschrieben sein.

Die Klage muss zunächst nicht begründet werden und auch keine Anträge enthalten (Anträge können Sie noch im Gerichtstermin stellen, eine Begründung sollte während des Verfahrens erfolgen). Sie muss aber **innerhalb eines Monats**, nachdem der Widerspruchsbescheid bei Ihnen im Briefkasten lag oder auf anderem Wege bekannt gegeben wurde, beim Sozialgericht eingegangen sein (also wenn der Widerspruchsbescheid am 15.11. zuging, muss die Klage bis zum 15.12. beim Sozialgericht sein).

Auch die Klage muss gegebenenfalls von mehreren Personen eingelegt werden, wenn es um einen Anspruch geht, der mehreren Mitgliedern der Bedarfsgemeinschaft zusteht.

Die Klagen vor dem Sozialgericht sind für ALG II Bezieher **kostenfrei.** Selbst wenn man verlieren sollte, fallen keine Kosten an! Es müssten lediglich die Kosten des eigenen Anwalts bezahlt werden, falls man nicht vollständig gewinnt. Sie können die Verfahren aber auch ohne Anwalt durchführen (ist aber nicht zu empfehlen!). Für einen Anwalt können Sie **Prozesskostenhilfe** beantragen. Dann wird dieser komplett vom Staat bezahlt! Ihnen entstehen dann gar keine Kosten.

Sollten Sie mit dem Urteil des Sozialgerichts nicht zufrieden sein, können Sie es in bestimmten Fällen (nicht immer: wenn Streitwert aber über 750 Euro liegt, dann ist das immer möglich oder auch wenn das Gericht die Berufung zugelassen hat etc.) anfechten und **Berufung zum Landessozialgericht** einlegen.

Muster:

> Abs.:…………
>
> An das Sozialgericht
> Straße
> Ort
>
>   Ort,
> Datum
>
> **Klage**
>
> Der Frau ……… und des Herrn……., wohnhaft……
>
> gegen
>
> das Jobcenter………..(Adresse), vertreten durch den Geschäftsführer/ Landrat (je nachdem)
>
> wegen des Bescheids vom…..in Gestalt des Widerspruchsbescheids vom…….
>
> <u>Begründung:</u>
>
> (nicht zwingend notwendig, kann nachgeholt werden)
>
> Unterschriften (aller, die Klage erheben)

3. Der Überprüfungsantrag nach § 44 SGB X

Nach § 44 SGB X können Sie im Fall einer Fristversäumnis – wenn Sie also nicht rechtzeitig Widerspruch/ Klage eingereicht haben- immer noch die Korrektur unrichtiger, nicht begünstigender bestandskräftiger Entscheidungen erreichen.

Hat man also eine Frist versäumt oder erkennt man erst nach Ablauf der Widerspruchs- Klagfrist einen Fehler im Bescheid, so kann man einen Überprüfungsantrag an das Jobcenter stellen.

Dies gilt für alle Arten von Bescheiden: Leistungsbescheide, Änderungsbescheide, Aufhebungs- und Erstattungsbescheide etc.
Der Antrag ist beim zuständigen Jobcenter zu stellen.
Weist das Jobcenter den Anspruch ab, so muss man gegen diese abweisende Entscheidung Widerspruch einlegen. Ergeht dann ein ablehnender Widerspruchsbescheid, so kann man Klage erheben, ist also wieder „im Rennen".

Rechtsfolge:

Wenn eine Korrektur erfolgt, so können sich **Nachzahlungen** für einen Zeitraum **für das laufende und vorhergehende Jahr (§ 40 Abs. 1 SGB II iVm § 44 SGB X)** ergeben.
Hat der Hilfeempfänger den Antrag gestellt, so gilt die Nachzahlung 1 Jahr rückwirkend ab Beginn des Jahres, bevor der Antrag gestellt wurde.

 **Der TIPP der Kanzlei Löwenrecht:**

Bei Aufhebungs- und Erstattungsbescheiden können Sie unbefristet eine Geldnachzahlung erhalten, wenn diese rechtswidrig waren (teilweise noch streitig, aber versuchen!). Auch bei Darlehensbescheiden sollte man unbefristet versuchen, das Darlehen in eine Beihilfe umzuwandeln.

Nach dem BSG Urteil vom 13.02.14 (siehe unten) ist es sinnvoll, die zu überprüfenden Bescheide zu benennen und den Sachverhalt darzustellen.

BSG , Urteil vom 13.02.2014 - B 4 AS 22/13 R

Überprüfungsanträge nach § 44 SGB X sind entweder zu begründen, zumindest aber die zu überprüfenden Bescheide ausdrücklich zu nennen.

Muster eines Überprüfungsantrags:

Abs.:………….

An das Jobcenter
Straße
Ort

Ort, Datum

BGNr:

Überprüfung nach § 44 SGB X gegen Bescheid vom …….

Sehr geehrte Damen und Herren,

hiermit stelle ich/ wir (Namen und Anschriften aller Betroffenen) einen Antrag auf Überprüfung nach § 44 SGB X gegen den Bescheid vom (Datum)

Begründung:

(sollte erfolgen; z.B. die Kosten der Unterkunft und Heizung werden von Ihnen nicht in tatsächlicher Höhe übernommen)

Unterschriften (aller, die überprüfen)

4. Die Untätigkeitsklage, § 88 SGG

Eine Untätigkeitsklage kann man immer dann erheben, wenn das Jobcenter nicht innerhalb von **drei Monaten über Ihren Widerspruch** entschieden hat (es sei denn, Sie haben diesen Umstand z.B. durch unterlassene Mitwirkung selbst verursacht).

Auch können Sie eine Untätigkeitsklage erheben, wenn Sie einen **sonstigen Antrag** gestellt haben und das Jobcenter nicht innerhalb von **sechs Monaten** darüber entschieden hat.

Die Klage ist beim Sozialgericht einzureichen. Sie ist kostenfrei und auch ein Anwalt ist nicht erforderlich. Eine kurze Begründung und ein Antrag entnehmen Sie dem Muster. Man klagt nur darauf, dass das Jobcenter verurteilt wird, über den Antrag/ Widerspruch zu entscheiden.

Muster:

Abs.:…………

An das Sozialgericht
Straße
Ort

Ort,
Datum

Untätigkeitsklage

Der Frau ……… und des Herrn…….., wohnhaft……

gegen

das Jobcenter………..(Adresse), vertreten durch den Geschäftsführer/ Landrat (je nachdem)

Es wird beantragt, das Jobcenter (Ort) zu verpflichten, über den am ….eingelegten Widerspruch / Antrag zu entscheiden.

Begründung:

Am ….wurde gegen den Bescheid vom…Widerspruch eingelegt. Leider hat das Jobcenter bis heute – nach 3 Monaten- nicht über den Widerspruch entschieden (*alternativ: nach 6 Monaten über den von mir gestellten (Überprüfungs-)Antrag entschieden*)

Unterschriften (aller, die Klage erheben)

5. Das Eilverfahren

Das Eilverfahren gleicht einer Klage, es ist sozusagen eine „Schnellklage". Es ist beim Sozialgericht zu führen und ist kostenfrei.

Das Gericht sollte dann innerhalb von **ca. 1-4 Wochen entscheiden**. Ein Eilverfahren sollte von einem Anwalt durchgeführt werden (muss aber nicht), da es rechtlich und verfahrenstechnisch sehr kompliziert ist.

Man kann aber auch für dieses Verfahren Prozesskostenhilfe beantragen.

Eine **Begründung** und **Anträge** sollten sofort gestellt werden, ebenso sind alle Tatsachen, die man nennt, sofort glaubhaft zu machen. Dies geschieht am besten über eine eidesstattliche Versicherung (sieh Muster unten).

Bei der Begründung sollte man auch insbesondere begründen, warum die Angelegenheit sofort geklärt werden muss (**Eilbedürftigkeit**). Beispiele sind die Leistungseinstellung, Sanktionen, fehlende Zustimmung zum Umzug etc.

Das Eilverfahren ist stets neben dem Widerspruchsverfahren durchzuführen!

Auf den nächsten beiden Seiten finden Sie ein Muster zum Eilverfahren und ein Muster für eine eidesstattliche Versicherung im Eilverfahren, um Ihre Angaben glaubhaft zu machen.

Muster

Abs.:…………

An das Sozialgericht
Straße
Ort

Ort,
Datum

Antrag auf einstweilige Anordnung

Der Frau ……… und des Herrn……., wohnhaft……

gegen

das Jobcenter………..(Adresse), vertreten durch den Geschäftsführer/ Landrat (je nachdem)

Es wird beantragt, …………

Begründung:

(sollte detailliert durch Anwalt erfolgen)

Unterschriften (aller, die den Antrag stellen)

Versicherung an Eides Statt

Auf meine Wahrheitspflicht hingewiesen und über die Bedeutung einer solchen Erklärung und die Strafbarkeit unrichtiger Angaben wegen möglichen Prozessbetruges (§ 263 StGB) belehrt, versichere ich, (Name), wohnhaft (Adresse), zur Vorlage bei Gericht, an Eides Statt:

Es ist zutreffend, dass ……

Ort, Unterschrift

10. Kapitel: Beratungs- und Prozesskostenhilfe

1. Die Beratungshilfe

Wenn Sie in einer Rechtssache Hilfe brauchen, so können Sie sich – wenn Sie ALG II Empfänger sind, einen Beratungshilfeschein beim **örtlichen Amtsgericht** holen.

Dieser ist **kostenfrei** und gilt nur für **die außergerichtliche Vertretung (z.B. Jobcenter anschreiben, Widerspruch einlegen, Erfolgsaussichten einer Klage prüfen,..)**, also nicht für eine Vertretung in einem Gerichtsverfahren (dafür gibt es Prozesskostenhilfe).

Sie müssen beim Amtsgericht angeben, in welcher Angelegenheit Sie den Beratungsschein benötigen und Unterlagen, die Ihre Hilfebedürftigkeit belegen, mitbringen (z.B. ALG II Bescheid, Kontoauszüge der letzten Monate, Mietvertrag etc.).

Die §§ 48 und 49a BRAO verpflichten den Rechtsanwalt zur Übernahme der Mandate in Beratungshilfesachen.

Ein Beratungshilfeschein gilt stets **nur für eine Rechtsangelegenheit**. Jeder Leistungsbescheid über einen anderen Zeitraum stellt dabei eine neue Rechtsangelegenheit dar. Daher ist dann ein neuer Berechtigungsschein zu holen.

Der Rechtsanwalt kann das Mandant nur aus wichtigem Grund ablehnen. **15 EURO** darf der RA noch als Beratungshilfegebühr fordern.

 **Der TIPP der Kanzlei Löwenrecht:**

Lassen Sie sich von den Rechtspflegern der Gerichte nicht ohne Beratungsschein nach Hause schicken. Die Rechtspfleger lehnen die nachträgliche Beratungshilfe oft ab mit den "vier großen Weisheiten":

1. **Es handelt sich nicht um eine rechtliche Beratung, sondern nur allgemeine Lebenshilfe**

2. **Die Beratungsleistung hätten auch die Ämter erbringen können (dazu BVerfG v. 11.05.09, 1 BvR 1517/08)**

3. **Der Mandant hätte die Angelegenheit selbst lösen können**

4. **Die bisher eingereichten Belege sind nicht ausreichend**

Diese Argumente sind weit verbreitet und zumeist unzulässig.

Weiter ist der Verweis an Dritte (wie z.B. Schuldnerberatungsstellen etc.) sehr zweifelhaft. Denn diese sind nicht zur Verschwiegenheit verpflichtet, verfügen meist nicht über die Fachkenntnisse eines Rechtsanwalts und haften nicht persönlich. Der Hilfeempfänger ist also schutzlos, bei Fehlern steht er schlecht da.

 In § 2 Abs.1 S.2 BerHG ist geregelt, dass eine Vertretung nur erforderlich ist, wenn der Rechtssuchende <u>nach der Beratung</u> angesichts des Umfangs, der Schwierigkeit oder der Bedeutung der Rechtsangelegenheit für ihn seine Rechte nicht selbst wahrnehmen kann.
Ob eine Vertretung erforderlich ist, wird erst im Nachhinein – **im Kostenfestsetzungsverfahren**- vom Rechtspfleger geprüft! Nicht bereits bei Erstellung des Beratungshilfescheins!
Also erst, wenn die Angelegenheit erledigt ist!

Der Mandant trägt hier ein (Kosten-) Risiko insofern, als dass der Anwalt für ihn nach außen tätig wird, aber der Anwalt nur eine Beratung gegenüber der Staatskasse abrechnen kann und den Rest Ihnen in Rechnung stellt.

2. Die Prozesskostenhilfe

Geregelt in §§ 114 ZPO ff. Voraussetzungen: erhält man, wenn man **nicht in der Lage ist, die Kosten** des Verfahrens zu erbringen und **Erfolgsaussicht besteht** bzw. **keine Mutwilligkeit** vorliegt.

Die Prozesskostenhilfe ist ausschließlich für ein gerichtliches Verfahren (also Klage/ Untätigkeitsklage oder Eilverfahren) und wird daher mit Hilfe eines Formulars direkt mit Klageinreichung bei Gericht beantragt. Dies kann der Anwalt für Sie übernehmen oder auch Sie selbst. Sie müssen dann beim Gericht beantragen, dass Frau / Herr Rechtsanwalt aus XY Ihnen in diesem Verfahren beigeordnet wird und Prozesskostenhilfe für Sie bewilligt wird.

Ob dann die Prozesskostenhilfe gewährt wird, entscheidet das Gericht. Da in ALG II Angelegenheiten keine Gerichtskosten anfallen und auch keine Kosten für die Gegenseite, geht es bei der Prozesskostenhilfe darum, die Kosten für den eigenen Anwalt zu erhalten. Dieser wird dann beigeordnet.

Sie kennen es bestimmt: Ihr Anwalt sagt Ihnen: alles kein Problem mit der Klage, Sie bekommen ja Prozesskostenhilfe. Doch so einfach ist das Ganze nicht.

Entgegen einer weit verbreiteten Auffassung bezieht sich die Prozesskostenhilfe nur auf die eigenen Anwaltskosten der Partei sowie auf die Gerichtskosten, niemals auf die Kosten des gegnerischen Rechtsanwalts. Wenn der Rechtsstreit allerdings verloren geht, muss die unterlegene Partei trotz Prozesskostenhilfe die gegnerischen Anwaltskosten ersetzen! Darauf wird oftmals nicht hingewiesen. **In Hartz IV Angelegenheiten entstehen allerdings keine Kosten für einen gegnerischen Rechtsanwalt.**

Wie auch in anderen Rechtsgebieten kann nach § 124 ZPO die bewilligte Prozesskostenhilfe nachträglich aufgehoben werden. Dies aber **u.a.** nur, wenn falsche Angaben bei der Prozesskostenhilfe gemacht wurden oder die persönlichen oder wirtschaftlichen Verhältnisse für die Voraussetzung der Prozesskostenhilfe nicht vorgelegen haben oder aber auch – und das ist sehr wichtig- wenn man es absichtlich oder aus grober Nachlässigkeit unterlässt, **eine neue Anschrift oder eine wesentliche Änderung der Verhältnisse dem Gericht unverzüglich mitzuteilen. Dies kann natürlich schnell passieren, dass man -insbesondere bei einem Umzug - dieser Pflicht nicht nachkommt und dann die Prozesskostenhilfe widerrufen wird.**

Die Hartz IV „Checkliste" - was steht mir zu?

 Die Regelleistung (Stand 2015)

○ 399 Euro (alleinstehend/ Partner mdjährig)
○ 360 Euro (volljährige Partner)

○ 320 Euro (18 Jahre bis 25.Geburtstag)
○ 302 Euro (14 bis 17 Jahre)
○ 267 Euro (6 bis 13 Jahre)
○ 334 Euro (unter 6 Jahren)

 Mehrbedarfe

○ Alleinerziehend   ○ kostenaufwendige Ernährung
○ Schwanger   ○ Leistungsausschluss/Merkz.G

○ bei Behinderung und Teilhabe Arbeitsleben/ Eingliederung
○ Warmwasserzuschlag (bei dezentr. WWErzeugung)
○ atypische Bedarfe (z.B. Umgangsrechtskosten)

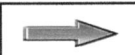 Kosten der Unterkunft und Heizung

Ohne Kostensenkungsaufforderung: tatsächliche Kosten sind zu übernehmen

Nach Senkungsaufforderung: § 12 WOGG gilt + 10 % für Kaltmiete inkl. Betriebskosten

Heizkosten dann über Heizkostenspiegel

 Gesamtbedarf

Minus Einkommen = Anspruch

Extra: „Sonderleistungen"

O Erstausstattung für Wohnung/ Bekleidung/ Schwangerschaft

O therap. Geräte

O Leistungen der Bildung und Teilhabe (Klassenfahrten, Mittagessen, Nachhilfe, Schulgeld, Beförderungskosten, 10 Euro monatlich,..)

O Darlehen für Ersatzanschaffungen

O Darlehen bei Stromschulden

Kennen Sie schon das

Hartz-IV-Portal?
www.HartzIV-Rechtsanwälte.de

Wir helfen Ihnen sich zu wehren!

Hilfe und Informationen von Ihrem Anwalt
Hilfe wo Hilfe benötigt wird

Nicht alle wichtigen Informationen finden Sie in der Tageszeitung mit den vier Buchstaben. Der Themenkomplex »Arbeitslosengeld II und Hartz IV« ist in vielen Details so komplex, dass Sie die Hilfe von einem Anwalt benötigen, der sich im Hartz IV auskennt. Auch die Damen und Herren in den Jobcentern quer durch die Republik können längst nicht alles wissen. Daher kommt es immer wieder zu eklatanten Fehlern in den Bescheiden.

Auf „Hartz-IV-Portal" finden Sie viele Informationen rund um Hartz4 und vor allem Kontakt zu einem Rechtsanwalt in Ihrer Nähe. Diese Anwälte unterstützen Sie, wenn Sie z.B. gegen einen Bescheid vorgehen wollen.

Ihr Anwalt vor Ort:

LÖWENRECHT
RECHTSANWALTSKANZLEI ARK C BÖTHLING
Körnerstraße 9 · 38102 Braunschweig
Tel.: 05 31 680 31 34 · Fax: 05 31 680 31 37

Hartz-IV-Portal?
Wir helfen Ihnen sich zu wehren!
Finden Sie DEN ANWALT vor Ort!

Unter: www.HartzIV-Rechtsanwälte.de
finden Sie Antragsformulare,
die Hartz IV Zeitung „Hartzer KrAisel",
aktuelle Urteile, Gesetzesänderungen,
Seminartermine etc.

Achtung:

Die folgende „Anleitung" bezieht sich auf die Frage, wie man einen ALG II Bescheid richtig „liest".

Die Übersicht beinhaltet noch die Bescheide, wie sie in den letzten Jahren bis Ende 2014/ Anfang 2015 aussahen.

Mittlerweile sehen die Bescheide teilweise etwas anders aus, die Darstellungen sind aber insoweit übertragbar.

Die Qualität der nächsten Seiten ist leider nicht so gut, da es sehr schwierig war, den Bescheid auf das kleine Format des Buches zu bringen.

Auf der Internetseite www.hartz4portal.de können Sie die nächsten Seiten in besserer Qualität begutachten.

Jobcenter Braunschweig, Berliner Platz 13, 38102 Braunschweig

DV 05 0,58 Deutsche Post

Ihr Zeichen:
Ihre Nachricht:
Mein Zeichen:
Nummer BG:
(Bei jeder Antwort bitte angeben)

Name:
Telefon:
Telefax:
E-Mail:
Datum:

Änderungsbescheid über Leistungen zur Sicherung des Lebensunterhalts

Sehr geehrte Frau

Leistungen nach dem Zweiten Buch Sozialgesetzbuch (SGB II) werden für die Zeit vom 2013 bis 2013 in folgender Höhe bewilligt:

Monatlicher Gesamtbetrag vom 01.07.2013 bis 30.09.2013 in Höhe von 706,84 Euro

Name, Vorname	monatliche Leistung (alle Betragsangaben in Euro)
	für den Regelbedarf zur Sicherung des Lebensunterhaltes (inkl. Mehrbedarfe) 
	391,00
Name, Vorname	Bedarfe für Unterkunft und Heizung
	260,00
	55,84

Begründung:

Es sind folgende Änderungen eingetreten:

Dienstgebäude
Berliner Platz 13
38102 Braunschweig

Telefon
0531 80177-0
Telefax
0531 80177-3333
Internet
www.arbeitsagentur.de

Hinweis
Falls in diesem Schreiben Telefonnummern beginnen mit 01801 gilt der Preis von 3,9 ct/min aus dem Festnetz der Deutschen Telekom Kosten bei Mobilfunk max. 42 ct/min.

Bankverbindung
Jobcenter Braunschweig
Bundesbank
BLZ 26000000
Kto.Nr. 75001617
BIC
IBAN

Öffnungszeiten
Mo, Di, Do, Fr 8:00 – 12:30 Uhr
und nach Vereinbarung

Hier sieht man die erste Seite eines Jobcenterbescheides. Oben links ist der Name des Empfängers bzw. des Mitgliedes der Familie / Bedarfsgemeinschaft, der als Vertreter der Bedarfsgemeinschaft auftritt.

Oben rechts stehen dann die Daten des Jobcenters wie Telefonnummer, Telefaxnummer und der Name der Sachbearbeiterin/ Sachbearbeiters.

(1) Mittig folgt dann der Satz, für welchen Zeitraum Leistungen mit diesem Bescheid bewilligt werden. Dies ist oftmals ein Zeitraum von 6 Monaten, kann aber auch z.B. nur 1 Monat sein.

(2) Unter (2) sehen Sie den monatlichen Gesamtbetrag, der der Bedarfsgemeinschaft zusteht, also der auf das Konto überwiesen werden müsste (es sei denn, die Miete wird direkt an den Vermieter gezahlt).

(3)
(4) Unter (3) und (4) wird der Betrag von (2) dann aufgeteilt: Es ist zu lesen, wie viel Geld auf welche Person entfällt oder ob das Geld für den Regelbedarf ist oder für die Kosten der Unterkunft und Heizung. Entscheidend ist für Sie aber nur (2), die Gesamtsumme.

Wie sich die Leistungen im Einzelnen zusammensetzen, können Sie dem Berechnungsbogen entnehmen.

Kranken-, Pflege- und Rentenversicherung aufgrund des Bezugs von Arbeitslosengeld II:

- ▓▓▓▓▓▓▓▓▓▓▓ ist in der Kranken- und Pflegeversicherung bei der ▓▓▓▓▓▓ vom ▓▓▓.2013 bis ▓▓▓.2013 pflichtversichert.
- Für ▓▓▓▓▓▓ wird der Deutschen Rentenversicherung vom ▓▓▓.2013 bis ▓▓▓.2013 die Zeit des Bezuges von Arbeitslosengeld II gemeldet. Der Rententräger prüft, ob eine Anrechnungszeit berücksichtigt werden kann.

Bitte beachten Sie:

Sie haben den Antrag gestellt. Daher wird vermutet, dass Sie die Bedarfsgemeinschaft vertreten. Dies gilt nur, solange andere Mitglieder der Bedarfsgemeinschaft ihre Interessen nicht selbst wahrnehmen und dies auch gegenüber der gemeinsamen Einrichtung Jobcenter Braunschweig schriftlich erklären (§ 38 SGB II).

Beachten Sie auch die ergänzenden Erläuterungen, die Sie mit dem Bewilligungsbescheid erhalten haben.

Rechtsbehelfsbelehrung:

Gegen diesen Bescheid kann jeder Betroffene oder ein von diesem bevollmächtigter Dritter innerhalb eines Monats nach Bekanntgabe Widerspruch erheben. Für Minderjährige oder nicht geschäftsfähige Personen handelt deren gesetzlicher Vertreter. Der Widerspruch ist schriftlich oder zur Niederschrift bei der im Briefkopf genannten Stelle einzulegen.

Mit freundlichen Grüßen
Jobcenter Braunschweig

Dieses Schreiben wurde maschinell erstellt und ist auch ohne Unterschrift wirksam.

Anlage
Berechnungsbogen

Hier ist nur allgemein zu lesen, in welcher **Kranken- und Pflegeversicherung** man versichert ist.

Auch ist hier die **Rechtsbehelfsbelehrung** zu lesen. Wichtig ist dabei die Frist von einem Monat, innerhalb derer ein Widerspruch von allen Mitgliedern der Bedarfsgemeinschaft – wenn es um Leistungen geht, die alle Mitglieder betreffen - beim Jobcenter eingelegt werden muss.

Achten Sie auf den nachweisbaren Zugang Ihrer Unterlagen beim Jobcenter.

Berechnungsbogen

Dieser Berechnungsbogen ist Bestandteil des Bescheides vom ▓▓▓2013. Die Berechnung der Leistung ist im Merkblatt "SGB II - Grundsicherung für Arbeitsuchende (Arbeitslosengeld II/Sozialgeld)" erläutert.

I Die Berechnung der Leistung gilt für den Zeitraum vom ▓▓▓2013 bis ▓▓▓2013.
Höhe der monatlichen Bedarfe in Euro

	Gesamt	Antragstellerin	Partnerin	Weitere Angehörige	Weitere Angehörige
Familienname					
Vorname					
Geburtsdatum					
Kundennummer					
Bedarfe zur Sicherung des Lebensunterhalts					
Regelbedarfe für erwerbsfähige Leistungsberechtigte (A1)	382,00	382,00		0,00	
Regelbedarfe (Sozialgeld) für nicht erwerbsfähige Leistungsberechtigte (B1)	255,00	0,00		255,00	
Mehrbedarfe zum Lebensunterhalt					
Alleinerziehend (C1)	45,84	45,84		0,00	
Summe Bedarfe zur Sicherung des Lebensunterhalts (D1)	682,84	427,84		255,00	
Bedarfe für Unterkunft und Heizung					
Anerkannte Bedarfe für Unterkunft und Heizung *) - Miete -					
Grundmiete (E1)	324,00	162,00		162,00	
Heizung	70,00	35,00		35,00	
Nebenkosten	110,00	55,00		55,00	
WW über Gastherme BS Energy	16,00	8,00		8,00	
Summe der anerkannten Bedarfe für Unterkunft und Heizung (F1)	520,00	260,00		260,00	
Gesamtbedarf der Bedarfsgemeinschaft (G1)	**1202,84**	687,84		515,00	

*) Die Bedarfe für Unterkunft und Heizung werden zu gleichen Teilen auf die Mitglieder der Haushaltsgemeinschaft aufgeteilt. Geringe Abweichungen sind möglich, wenn der Gesamtbetrag der Bedarfe für Unterkunft und Heizung nicht exakt durch die Personenanzahl teilbar ist.

1 Hier beginnt der Berechnungsbogen. Ganz oben in der Tabelle sind die Namen der Mitglieder der Bedarfsgemeinschaft zu lesen. Unter den Namen ist dann der einzelne Bedarf – also das der jeweiligen Person zustehende Geld – aufgeführt und zwar von oben nach unten.

A1 Unter (A1) finden Sie die Regelleistung, die den Mitgliedern zusteht. Bei Erwachsenen, die alleine leben, beträgt diese 382 Euro. Dies ist bei der Antragstellerin aufgeführt.

B1 Unter (B1) findet man dann das Sozialgeld, die Regelleistung für Kinder. Dieses ist je nach Alter des Kindes unterschiedlich hoch, hier 255 Euro. Wie hoch die Werte im Einzelnen sind, entnehmen Sie bitte meinem kostenfreien ALG II Ratgeber auf der Seite www.löwenrecht.de.

C1 Unter (C1) findet man Mehrbedarfe, wie z.B. den Mehrbedarf für alleinerziehende oder wegen kostenaufwändiger Ernährung etc.

D1 Bei (D1) kann man in der ersten Spalte ablesen, wie hoch die Bedarfe insgesamt hier sind (hier 682,84 Euro), daneben folgt der Bedarf der Mutter (427,84 Euro) und dann der Bedarf des Kindes (255 Euro).

E1 * In (E1) sind nun die Kosten, die für Miete, Heizung und Nebenkosten sowie für Warmwasser (bei dezentraler Warmwasserversorgung gibt es einen monatlichen Zuschlag *) übernommen werden. Hier bitte immer prüfen, ob Ihre tatsächlichen Kosten übernommen werden! In der ersten Spalte sind die Gesamt Miet- Neben-Heizkosten zu lesen, daneben die der einzelnen Bedarfsgemeinschaftsmitglieder. Die Unterkunfts- und Heizkosten werden immer gleichmäßig auf die Mitglieder verteilt.

F1 Unter (F1) finden Sie dann die Gesamtsumme der zu übernehmenden Kosten der Unterkunft und Heizung, daneben wieder einzeln für jedes Bedarfsgemeinschaftsmitglied.

G1 Schließlich gibt (G1) den Gesamtbedarf der Bedarfsgemeinschaft wieder: dies ist also das Geld, welches die Bedarfsgemeinschaft zusammen erhalten würde, wenn es kein Einkommen gäbe. Neben dem Gesamtbedarf (hier 1202,84 Euro) finden Sie die „Individualbedarfe" der einzelnen Mitglieder (die oft unterschiedlich hoch sind wegen der Mehrbedarfe, Regelleistung,..). So hat die Mutter hier einen Bedarf von 687,84 Euro, das Kind 515,00 Euro.

II. Zu berücksichtigendes monatliches Einkommen in Euro

Familienname				
Vorname				
Geburtsdatum				
laufendes Einkommen aus Arbeitnehmertätigkeit				
Brutto	**A2**	150,00	150,00	0,00
Netto		150,00	150,00	0,00
zu berücksichtigendes laufendes Einkommen aus Arbeitnehmertätigkeit		50,00	50,00	0,00
Absetzungen unabhängig von der Einkommensart *)				
Pauschale	**B2**	30,00	30,00	0,00
Zwischensumme nach weiteren Absetzungen	**C2**	50,00	50,00	0,00
abzüglich Freibetrag auf das Erwerbseinkommen	**D2**	10,00	10,00	0,00
zu berücksichtigendes Erwerbseinkommen	**E2**	40,00	40,00	0,00
Einkommen aus				
Kindergeld		184,00	0,00	184,00
Unterhalt	**F2**	272,00	0,00	272,00
Summe der weiteren Einkommen		456,00	0,00	456,00
zu berücksichtigendes weiteres Einkommen		456,00	0,00	456,00
zu berücksichtigendes Gesamteinkommen	**G2**	436,00	40,00	456,00

*) Bei Erwerbseinkommen bis 400,00 Euro werden Werbungskosten und Absetzungen unabhängig von der tatsächlichen Höhe mit einem Betrag in Höhe von 100,00 Euro (Grundfreibetrag) berücksichtigt. Bei Erwerbseinkommen über 400,00 Euro werden die tatsächlichen Werbungskosten und Absetzungen mindestens aber 100,00 Euro berücksichtigt.

III. Verteilung der Einkommensanteile unter Berücksichtigung der zuständigen Leistungsträger in Euro

Ist in einer Bedarfsgemeinschaft nicht der gesamte Bedarf aus eigenen Mitteln gedeckt, gilt jede Person der Bedarfsgemeinschaft im Verhältnis des eigenen Bedarfs zum Gesamtbedarf als hilfebedürftig. Aus diesem Grunde wird eine prozentuale Einkommensverteilung vorgenommen. Das gilt nicht für Einkommen von Kindern. Kindeseinkommen wird nur auf den Bedarf des Kindes angerechnet. Zum Kindeseinkommen zählt auch Kindergeld, soweit es zur Bedarfsdeckung des Kindes benötigt wird.

Familienname				
Vorname				
Geburtsdatum				
Gesamtbedarf	**G1**	1.202,84	687,84	515,00
Einkommen des Kindes		456,00	0,00	456,00
Gesamteinkommen (ohne Kindeseinkommen)		40,00	36,84	3,16
Gesamteinkommen	**G2**	496,00	36,84	459,16

Quotenbildung

Berechnung: G1-G2 = Gesamtanspruch
Quotenbildung: siehe nächste Seite!

① Hier wird nun ermittelt, welches Einkommen der Bedarfsgemeinschaft zur Verfügung steht und welcher Teil davon anzurechnen ist.

Unter (A2) ist das Einkommen zu sehen. Dabei wird der Brutto und der Netto Betrag ausgewiesen.

A2 Von Erwerbseinkommen bis 400 Euro werden pauschal 100 Euro als Freibetrag in Abzug gebracht. Daher sieht man hier noch 50 Euro als zu berücksichtigendes Einkommen.

B2 Unter (B2) ist dann die sogenannte „Versicherungspauschale" in Höhe von 30 Euro aufgeführt. Diesen 30 Euro Freibetrag erhält jeder volljährige ALG II Empfänger auf Einkommen (auch auf Einkommen, das nicht aus Arbeitstätigkeit beruht).

C2 Unter (C2) ist dann eine Zwischensumme des jetzt noch anrechenbaren Einkommens zu lesen. Dieses ist erneut 50 Euro, da nämlich die „Versicherungs-pauschale" bereits in den 100 Euro, die bei (A2) schon abgezogen wurden, enthalten ist. Der Punkt (B2) ist hier also überflüssig, da Erwerbseinkommen vorliegt.

D2

E2 Unter (D2) wird dann ein weiterer Freibetrag auf Erwerbseinkommen gewährt: 20% des Betrages, der beim Bruttoeinkommen über 100 Euro liegt, ist frei. Bei 150 Euro liegen 50 Euro über 100 Euro, mithin 20% von 50 = 10 Euro. Wäre hier ein Bruttoeinkommen von 400 Euro verdient worden, so wäre der Freibetrag hier 20% von 300 Euro, also 60 Euro. Ab 1000 Euro gelten weitere Besonderheiten.

*

Unter (E2) ist dann das insgesamt anrechenbare Erwerbseinkommen aufgeführt: hier 150 Euro – 100 Euro- 10 Euro = 40 Euro.

Bei (F2) ist dann weiteres Einkommen wie Kindergeld etc aufgeführt. Beim Kind ist dort das Kindergeld und der Kindesunterhalt aufgeführt.

F2

G2 Unter (G2) ist dann das Gesamteinkommen zu lesen: erst das Gesamteinkommen aller Mitglieder der Bedarfsgemeinschaft, dann jeweils von den einzelnen Mitgliedern.

Dann werden Quoten gebildet. Das Ihnen zustehende ALG II können Sie aber bereits jetzt ermitteln, indem Sie den Betrag von G1 – G2 rechnen, hier also 1202,84 – 496 = 706,84 Euro.

Die Quotenbildung erfolgt wie folgt:

Die Quotenbildung

1. zunächst wird ein Restbedarf des Kindes ermittelt: dazu wird von dem Gesamtbedarf des Kindes (hier 515 Euro) das Einkommen des Kindes (hier 456 Euro) in Abzug gebracht. Dies ergibt hier einen Betrag von 59 Euro, der Restbedarf des Kindes.

2. nun wird ein „neuer" Gesamtbedarf der Bedarfsgemeinschaft ermittelt:

   der Bedarf der Mutter (hier 687,84 Euro) und der eben ermittelte „Restbedarf" des Kindes (59 Euro) werden addiert, so dass sich hier 746,84 Euro ergeben.

3. Nun werden die Quoten ermittelt:

   Der Restbedarf des Kindes : „neuen Gesamtbedarf" (hier 59 : 746,84) = 0,08 Das ist die Quote des Kindes.

4. Die Quote der Mutter wird ebenso berechnet: ihr Bedarf : neuen Gesamtbedarf, hier 687,84 : 746,84 = 0,92.

   Das Einkommen der Bedarfsgemeinschaft (ohne Kindeseinkommen) wird nun mit diesen Quoten multipliziert, so dass sich als Ergebnis das jeweils zurechenbare Einkommen ergibt. Hier sind also 40 Euro zu verteilen. Diese 40 Euro werden für das Kind mit 0,008 multipliziert, bei der Mutter mit 0,92. Dann ergäbe dies bei der Mutter ein Einkommen in Höhe von 36,80 Euro, beim Kind von 3,20 Euro. Die Zahlen des Jobcenters weichen hier wegen der Rundungen leicht ab.

IV. Bedarfe zur Sicherung des Lebensunterhalts (ohne Bedarfe für Unterkunft und Heizung) nach Einkommensberücksichtigung in Euro

Familienname				
Vorname				
Geburtsdatum				
Sicherung des Lebensunterhalts - ohne Bedarfe für Unterkunft und Heizung **D1**	682,84	427,84		255,00
abzüglich zu berücksichtigendes Einkommen entsprechend der Zeile "Gesamteinkommen" **G2**	486,00	36,84		469,16
Bedarf nach Einkommensberücksichtigung	391,00	391,00		0,00
noch nicht verteiltes Einkommen	204,16	0,00		204,16

V. Bedarfe für Unterkunft und Heizung nach Einkommensberücksichtigung

Familienname				
Vorname				
Geburtsdatum				
Bedarfe für Unterkunft und Heizung **F1**	520,00	260,00		260,00
abzüglich noch nicht verteiltes Einkommen	204,16	0,00		204,16
Bedarf nach Einkommensberücksichtigung	315,84	260,00		55,84

Gesamtbetrag der monatlich zustehenden Leistungen in Euro

Im Einzelnen werden folgende monatliche Leistungen zuerkannt:

- Leistungen zur Sicherung des Lebensunterhalts (Leistungen der Agentur für Arbeit)   391,00
- Leistungen für Unterkunft und Heizung (Leistungen des kommunalen Trägers)   315,84

Gesamtbetrag monatlich: 706,84

Die Leistungen werden wie folgt ausgezahlt

Zahlungsempfänger	Bankleitzahl	Kontonummer	Zahlbetrag monatl. in Euro
███	███	███	███
███	███	███	███

Nunmehr werden unter IV. die Bedarfe zur Sicherung des Lebensunterhalts (siehe auf Seite 1 unter (3)) ermittelt.

Dabei wird von dem Betrag von D1 (siehe Seite 3) jeweils das gequotelte Einkommen in Abzug gebracht, beim Kind noch zuzüglich seines Einkommens. Somit bleibt beim Kind hier kein Anspruch für diese Bedarfe übrig, da sein Einkommen höher ist und sogar 204,16 Euro „zu hoch".

Bei der Mutter werden nur die gequotelten 36,84 Euro in Abzug gebracht, somit verbleibt ein Bedarf in Höhe von 391 Euro.

Dann werden unter V. die Bedarfe für Unterkunft und Heizung ermittelt: da bei der Mutter kein Einkommensüberhang besteht, ist ihr Bedarf bei 260 Euro. Beim Kind werden die überschüssigen 204,16 Euro angerechnet, so dass das Kind noch 55,84 Euro (siehe erste Seite) an Kosten der Unterkunft und Heizung erhält.

Es werden hier also die Bedarfe nach Verrechnung des Einkommens gebildet. Am Ende des Bescheides ist noch ausgeführt, an wen welche Leistungen überwiesen werden.

Herstellung und Verlag:
BoD - Books on Demand, Norderstedt
ISBN 978-3-7347-3795-4